매트랩 그래픽과 데이터 시각화

매트랩 그래픽과 데이터 시각화

데이터의 다양한 특성과 용도에 맞춘 시각화 방법

니베디타 마줌다르·스와프노닐 배너지 지음 | 이문호 옮김

| 지은이 소개 |

니베디타 마줌다르 Nivedita Majumdar

풍부한 매트랩 경험을 갖춘 개발 엔지니어다. 컴퓨터 과학 및 정보학 분야 박사 학위를 받았고, 지난 10년간 커뮤니케이션과 생명과학 산업 관련 데이터 분석 도구와 알고리즘을 개발해왔다. 통찰력 있는 데이터 탐색 도구인 시각화에 깊은 관심이 있다. 데이터 시각화와 알고리즘 프로토타이핑을 위한 환경으로 매트랩을 선호하는 열광적인 애호가다.

스와프노닐 배너지 Swapnonil Banerjee

전자통신공학 학사 학위와 물리학 박사 학위를 받은 이론 물리학자다. 신호처리, 수치 데이터 모델링, 곡선 맞춤, 미적분학, 몬테카를로 시뮬레이션 분야에 관한 매트랩 개발 경험이 풍부하다.

│ 감사의 말 │

이 책을 집필하는 과정에 많은 도움을 주신 여러 지인 분께 대단히 감사드린다.

끊임없이 격려해주며, 귀중하고 실용적인 아이디어를 제공해준 데이비드 우David Woo에게 특별한 감사를 드리면서 시작하고 싶다.

이 책의 저술 작업을 자랑스럽게 여겨준 사랑하는 가족과 친구들에게 고마움을 전한다. 우리를 위해 열정을 보여준 슈먼 마줌다르Shuman Majumdar에게 매우 감사한다.

집필 작업에 끊임없이 상세한 비평을 해주고, 개선을 위해 많은 제안을 해주신 감수자 존 베미스John Bemis, 아디 란Adee Ran, 아쉬시 우따마Ashish Uthama와 데이비드 우David Woo에게 감사드린다.

무엇보다도 이번 프로젝트를 지원해주신 야시오드한 데레Yashodhan Dere, 케다르 브핫Kedar Bhat, 디페시 판찰Dipesh Panchal, 조안나 피첸Joanna Finchen을 비롯한 팩트출판사의 직원 분들에게 감사드린다.

이 책의 프로그램을 사용할 수 있도록 소프트웨어 라이선스를 제공한 매스웍스™에도 감사드린다. 매트랩 커뮤니티 내의 아주 많은 이들의 작업을 소개하는 매트랩 센트럴 파일 익스체인지 프로그램MATLAB Central File Exchange program을 잘 관리해주신 분들께 감사드린다. 그들의 기여 덕분에 이 책이 완성될 수 있었다.

캘리포니아 대학교, 어바인 대학교, 스탠포드 대학교의 훌륭한 공개 사용 데이터 저장소에서 많은 자료를 활용할 수 있었다. 모두에게 감사를 전한다.

끝으로, 데이터 시각화 주제를 소개해주신 조지 메이슨 대학교 교수인 다니엘 카르Daniel B Carr에게 감사드린다.

| 기술 감수자 소개 |

존 베미스 박사 Dr. John Bemis

베이커 휴즈의 선임 연구원이다. 그리넬 대학교에서 화학 학사 학위와 위스콘신 대학교에서 무기화학 박사 학위를 취득했다. 자기공명기기 데이터 취득과 제어에 관련된 사용자 인터페이스를 설계하고 구현하는 테그맥에서 경험을 쌓기 시작했으며, 전문 소프트웨어 개발 경험은 16년이다. 지난 12년 동안 베이커 휴즈에서 근무하면서 자기공명 애플리케이션용 매트랩 기반 데이터 분석 소프트웨어를 처음 개발했다. 최근에는 드릴 가공 기술 부서의 소프트웨어 기술 프로젝트 엔지니어로 근무하고 있다.

아디 란 Adee Ran

이스라엘 공과 대학(테크니온)에서 전자공학 학사와 석사 학위를 취득했다. 하이파의 인텔 이스라엘 디자인 센터의 물리-계층 통신 시스템 설계자며, IEEE 802.3 이더넷 워킹 그룹에서 활동 중인 멤버다. 매트랩 3.5버전부터 헌신적으로 사용해온 프로그래머다.

아쉬시 우따마 Ashish Uthama

매트랩 개발사 매스웍스의 영상처리 툴박스 팀의 개발자다. 인도 방갈로르의 PESIT에서 전자통신 학사 학위와 캐나다 밴쿠버의 UBC에서 응용과학 석사 학위를 취득했다.

데이비드 우 David Woo

라이프 테크놀로지의 제네틱 분석 R&D 부서의 알고리즘 팀 관리자다. 데이터 분석과 시각화는 일상 업무의 중요한 부분이다. 전자공학 석사 학위를 갖고 있으며, DNA 서열 분석기와 실시간 PCR 유전자 증폭기를 포함한 생명공학 계측을 12년간 개발한 경험이 있다. 그는 이 분야에 여러 특허를 보유하고 있다. 특히, 그의 팀은 생화학 반응의 시계열 영상으로부터의 데이터 변환에 중점을 두며, 생물학적으로 의미가 있는 DNA를 염기 판독하는 형광을 만들고 유전자 정량화한다. 공학과 생물학 간의 괴리를 메우는 것이 쉽지 않지만, 결과적으로 건강 관리를 개선하고 분자 생물학 이해를 높이는 일이므로 보람을 갖고 있다. DNA 서열 분석은 최초로 인간 게놈을 완성한 후 엄청나게 성장하고 있고, 유전자 검사는 급속도로 의사에게 없어서는 안 될 도구가 돼가고 있다. 하지만 데이터 용량이 증가하는 만큼, 데이터 분석과 시각화가 필요하다.

| 옮긴이 소개 |

이문호(best.conv2@gmail.com)

관심 분야는 정보 검색이며, 매일 4시간 이상 걸리는 출퇴근 시간에 다방면의 원서를 읽는 쏠쏠한 즐거움에 빠져 사는 아날로그 세대다. 영상처리를 전공으로 석사를 마쳤고, 현재 문헌정보학 박사 과정에 있으며, 컴퓨터 비전 기반 지능형 솔루션 개발에 전념하고 있다. 오픈소스 자바 검색 엔진인 루씬(Lucene)에 관한 첫 국내서인『루씬 인 액션』(에이콘, 2005)을 공역했으며, 오픈소스 영상처리 라이브러리를 다룬 오픈소스 라이브러리 실무 시리즈 도서를 펴낸 저자로도 잘 알려져 있다.『MATLAB을 활용한 실용 디지털 영상처리』(홍릉과학, 2005),『오픈소스 OpenCV를 이용한 컴퓨터 비전 실무 프로그래밍』(홍릉과학, 2007) 등 7권의 책을 저술했다.

번역서로는 에이콘출판사에서 출간한『OpenCV 2 Computer Vision Application Programming Cookbook 한국어판』(2012),『EmguCV와 테서렉트 OCR로 하는 컴퓨터 비전 프로그래밍』(2014),『OpenCV 프로그래밍』(2015),『(개정판) OpenCV를 활용한 컴퓨터 비전 프로그래밍』(2015),『matplotlib을 이용한 데이터 시각화 프로그래밍』(2015),『OpenCV 컴퓨터 비전 프로젝트』(2016),『C# 멀티스레드 프로그래밍』(2016),『안드로이드 비동기 프로그래밍』(2016),『매트랩 영상처리 프로그래밍』(2016),『파이썬 병렬 프로그래밍』(2016),『매트랩 그래픽과 데이터 시각화』(2017)가 있다.

| 옮긴이의 말 |

예전부터 지금까지 변함없는 화두거리인 시각화는 데이터 분석 결과를 누구나 쉽게 이해할 수 있도록 시각적으로 표현해 전달하는 과정이다. 데이터 분석 관련 업체들이 빅데이터 분석 시장의 성장 가능성을 눈여겨보고 데이터 시각화 솔루션을 속속 출시하고 있는 것도 결코 무관하지 않을 것이다.

여기서 주목해야 할 부분은 데이터는 분야마다 특성이 다르기에 어떤 시각화 방법을 써야 하고, 무슨 도구를 사용해야 하는지에는 정답이 없다는 점이다. 예로 시각화 방법은 시간 시각화, 공간 시각화, 분포 시각화, 관계 시각화, 비교 시각화, 고차원 시각화, 대화형 시각화 등 매우 다양하다. 이러다 보니 입문자에게는 어려움이 있을 수 있다. 시행착오를 줄이는 절대적인 지름길이 없다지만, 분석 대상인 데이터를 충분히 이해하고 이에 맞춰 어떻게 표현할지 고민한 후, 적합한 그래프 표시 방법을 잘 찾을 수 있는 방법을 나름대로 정리하면 어떨까? 그다음에는 시각화를 극대화하기 위해 그래프를 더 정교하게 다듬는 방법을 연구해도 늦지 않다.

접근 방법이 어느 정도는 다르겠지만 위 내용과 일맥상통하는 이 책에서는 매트랩을 이용한 데이터 시각화에 관심이 많은 독자를 대상으로 간단한 1차원부터 3차원까지, 더 나아가 고차원 데이터를 대상으로 적합한 그래프를 띄우는 알찬 예제를 담아냈다. 특히 저자는 생물과학 분야에 종사하고 있어 관련 분야의 데이터를 활용해 시중의 다른 책에 비해 좀 더 다양하고 실생활에 유용한 시각화 방법을 다루고 있다는 점이 흥미롭다.

이 책의 내용을 자세하게 설명하자면 어떠한 데이터라도 쉽게 표현할 수 있도록 데이터 특성에 따라 체계화했다. 실제로 매트랩의 격자, 레이블, 배치 같은 기본 그래프 요소 활용과 사용자 정의부터 시작해 1차원과 2차원 데이터 시각화를 위한 선 플롯, 막대 플롯, 분산형 플롯, 줄기 플롯 등의 범용 차트, 투명도, 조명, 뷰 제어 같은 고급 기능, 체적 데이터에 기반을 둔 3차원 데이터 시각화, 다차원 데이터를 표현하는 글리프와 평행좌표, 주성분 분석, 방사 좌표 투영 기술, 콜백 함수 기반 대화형 그래픽 등 수준별로 정리한 예제를 많이 수록했다.

이와 같이 이 책은 단계별 학습 방식을 채택한 책이 아니고, 수시로 필요한 내용을 확인해 응용할 수 있는 책이다. 궁극적으로 데이터 분석에 대한 통찰력과 그래프 활용법을 동시에 잡을 수 있다. 끝으로 항상 찾아볼 수 있는 이 책과 함께 즐거운 여행이 되길 바라며, 독자 여러분이 다음 매트랩 코드를 멋지게 응용해 사랑하는 누군가에게 아름다운 고백을 했으면 좋겠다.

```
t=-10:0.01:10;
x=16*(power(sin(t),3));
y=(13*cos(t))-(5*cos(2*t))-(2*cos(3*t))-(cos(4*t));
plot(x,y);
title('http://www.123mylist.com/2012/02/how-to-make-heart-
curve-using-matlab.html')
xlabel('http://mathworld.wolfram.com/HeartCurve.html');
```

국내외에 흔치 않은 주제인 매트랩을 이용한 시각화를 다룬 이 책을 번역할 기회를 주신 권성준 사장님과 황영주 상무님, 빡빡한 마감 일정에 속에서 이 책과 씨름하느라 고생했던 담당 편집자 나수지 님, 그 외 에이콘출판사 직원 여러분께 감사의 말씀을 드린다.

| 차례 |

| 들어가며 |

데이터에 적합한 플롯 유형을 빠르게 식별하는 그래프 메뉴를 제공한다. 단계별 예제 스타일은 빠른 시간 내 데이터에 기술을 적용할 수 있게 한다. 몇 가지 매력적인 사용자 정의가 함수로 제공되며 데이터 분석 워크플로우에 쉽게 통합된다. 필요한 부분을 간단하게 빨리 찾을 수 있도록 예제 찾아보기를 제공했다. 이 책은 기술을 구성하는 중심 테마인 데이터 차원과 복잡도를 이용한 시각화 주제에 접근한다.

이 책의 구성

1장, 매트랩 그래픽의 요소 사용자 정의 – 기본

매트랩에 내장된 그래프를 사용자 정의하는 매트랩 핸들 그래픽 기술의 사용 방법을 소개한다. 배치, 격자화, 레이블과 범례 등의 기본 그래프 요소를 변경하는 방법을 예제를 통해 보여준다. 또한 정보를 묘사하는 색상 사용을 시도하기도 했다.

2장, 1차원 데이터 표시에 뛰어들기

1차원 데이터 시각화에서 활용할 수 있는 옵션을 제시한다. 선 플롯, 막대 플롯, 분산형 플롯, 파이 차트, 줄기 플롯과 계단 플롯 같은 범용 차트 유형부터 시작한다. 더 나아가 상자 플롯과 꺾은선, 분할선 그래프와 노드 링크 플롯 같은 특수한 그래프를 예제로 다룬다. 한 예제는 달력에 일별 데이터를 바로 보여주는 열지도 사용에 초점을 맞춘다. 마지막 예제는 결과를 시각화하는 특수 플롯을 필요로 하는 분포 데이터 분석과 시계열 데이터 분석 같은 분석 접근 방법에 중점을 둔다.

3장, 2차원 데이터 표시 마무리

2차원 데이터 시각화에서 활용할 수 있는 옵션을 제시한다. 분산형 플롯과 분산형 플롯 스무딩 관련 옵션 같은 범용적인 차트 유형부터 시작하며, 2D 노드 링크 플롯, 계통도와 군집도 같은 설계를 예제로 다룬다. 더 나아가 등고선 플롯 예제를 보여주며, 한 예제는 비균등 격자에 있는 수집된 데이터를 다루는 방법에 전념한다. 마지막 예제는 단계구분도, 기호가 있는 주제도, 유선도로 지도에 있는 데이터를 표현하는 특수한 그래픽을 다룬다.

4장, 매트랩 그래픽의 요소 사용자 정의 – 고급

매트랩에 내장된 그래프인 이름 그대로 투명도, 조명, 뷰 제어를 사용자 정의할 수 있는 고급 기능을 소개한다.

5장, 빅 리그에서 3차원 데이터 출력 다루기

체적^{volumetric} 데이터에 중점을 둔 3차원 데이터 시각화에 활용할 수 있는 옵션을 제시한다. 3D 분산형 플롯부터 시작해, 이후 스칼라 데이터 시각화를 위한 `slices`, `isosurfaces`, `isnormals`와 `isocaps`를 예제로 다룬다. 다음으로는 흐름 선과 벡터 데이터 시각화를 위한 선, 리본이나 관을 이용해 방향을 묘사하는 다양한 옵션 사용법을 다룬다. 몇몇의 예제는 3D 데이터 탐색을 위한 효율적인 방법을 만드는 조명과 뷰 제어 메커니즘으로 기본 3D 기술을 조합한다.

6장, 고차원 데이터 설계

고데이터 차원을 위한 시각화 옵션을 제시한다. 2D의 다중 차원을 어떻게 표현하는지 보여주는 글리프와 평행좌표 사용법을 예제로 다룬다. 다음 예제는 동일한 목적을 달성하기 위해 활용 가능한 그래픽 기능 중에서 덧차원을 어떻게 코드화하는지 보여준다. 추가 예제는 데이터를 식별해서 핵심적인 데이터 크기로 초점을 이동하는 주성분 분석이나 방사 좌표 투영 같은 기술을 사용해 데이터를 변환하는 방법을 보여준다.

7장, 대화형 그래픽과 애니매이션 생성

대화형 그래픽과 애니메이션을 생성하는 매트랩의 능력을 시연한다. 사용자 상호작용으로 사용자 정의 행동을 추가하는 콜백 기능을 프로그래밍하기 위한 핵심을 예제로 다룬다. 다음 예제는 데이터 브러싱과 연결 등의 탐색 기술을 포함해 그래프로부터 사용자에게 직접 입력을 받는 방법을 다룬다. 다른 예제는 프레임 시퀀스를 애니메이션화하는 방법 또는 애니메이션 효과를 생성하기 위해 지우고 다시 그리는 전략을 다룬다.

8장, 출판과 발표를 위한 그래픽 완성

영상 품질을 조정하고 다른 발표 목표에 부합되도록 형식화하는 옵션을 다루며, 하드 카피나 전자 포맷 중 발표나 출판을 위한 그래픽을 설계하는 동안 명심해야 하는 팁을 포함한다.

부록, 참고문헌

보충 자료를 제공한다.

준비 사항

기본적으로 매트랩을 설치해야 한다. MATLAB R2012a를 이용해 코드를 개발했다.

한 예제는 영상처리 툴박스^{Image Processing Toolbox™}가 필요하고, 몇몇의 예제는 통계 해석 툴박스^{Statistics Toolbox™}를 요구한다. 두 예제는 통계해석 툴박스와 매핑 툴박스 ^{Mapping Toolbox™}, 생물 정보학 툴박스^{Bioinformatics Toolbox™}를 참조한다(다만, 이런 경우 예제 에서 툴박스를 독립적으로 사용할 수 있도록 대체 구현을 제공한다).

이 책의 대상 독자

이 책은 특정 분석이나 탐색 데이터 시각화를 수행한 결과 표현에 관심이 있는 학 계와 업계 실무자를 대상으로 한다. 데이터 자체는 어떤 소스에서든 나올 수 있으 며, 이러한 데이터를 매트랩에 입력하기 위한 옵션을 논의한다. 기본적으로 매트랩 프로그래밍에 익숙하다고 가정한다. 다만, 고급 매트랩 경험이 필요하지는 않다. 예 제를 작은 단계로 상세하게 세분화해 새로운 데이터에 쉽게 적용할 수 있는, 흥미 진진한 그래픽을 생성하는 매트랩의 세계로 안내한다. 데이터 분석 워크플로우에 쉽게 통합할 수 있도록 사용자 정의를 위한 몇몇의 매력적인 옵션을 함수로 활용할 수 있게 만들었다.

편집 규약

이 책에서는 다른 정보를 구분하기 위해서 여러 텍스트 스타일을 제공한다. 다양한 스타일과 그 의미에 대해서 여러 가지 예를 보여준다.

텍스트 형태의 코드는 다음과 같이 표기한다.

"`xlsread` 명령어는 숫자 컬럼을 읽어 `numericData` 변수에 넣고, 영숫자 컬럼을 `headerLabels`에 넣도록 한다."

코드 블록은 다음과 같이 구분된다.

```
plot(x,y1);
line([mean1 mean1],get(gca,'ylim'));
```

새로운 용어나 중요한 단어는 굵게 표시한다. 메뉴나 다이얼로그 박스와 다이얼로그 박스와 같이 스크린에서 볼 수 있는 단어들은 다음과 같이 나타난다.

"Edit Publish Configuration for… 옵션에 접근하기 위해 툴바의 Publish 아이콘 옆에 있는 드롭-다운 화살표를 클릭한다."

 경고나 중요한 내용은 상자 안에 이와 같이 표시한다

독자 의견

피드백은 언제나 환영한다. 이 책에 대해서 좋았던 점이나 싫었던 점을 알려주기 바란다. 독자 의견은 이 책을 성장시키는 데 굉장히 중요한 역할을 한다.

일반적인 의견이 있다면 이메일의 제목란에 책 제목을 표기하고 feedback@packt pub.com으로 보내기 바란다.

필요하거나 출판되길 원하는 책이 있다면, www.packtpub.com에 있는 SUGGEST A TITLE 양식을 작성하거나 혹은 suggest@packtpub.com로 이메일을 보내주기 바란다.

자신의 전문 분야에 대해 책을 쓰거나 기고하고 싶다면 www.packtpub.com/ authors에서 저자 가이드를 확인하기 바란다.

고객 지원

팩트출판사의 구매자가 된 독자에게 도움이 되는 몇 가지를 제공하고자 한다.

컬러 이미지 다운로드

이 책에서 사용된 스크린샷의 컬러 이미지를 PDF 파일로 제공한다. 컬러 이미지는 결과물의 변화를 이해하는 데 도움이 될 것이다. http://www.packtpub.com/sites/default/files/downloads/3165OT_MATLAB_Graphics_and_Data_Visualization_Cookbook.pdf 에서 PDF 파일을 다운로드할 수 있다. 또한 에이콘출판사의 도서정보 페이지인 http://www.acornpub.co.kr/book/matlab-cookbook에서도 컬러 이미지를 다운로드할 수 있다.

예제 코드 다운로드

이 책에 사용된 예제 코드는 http://www.PacktPub.com의 계정을 통해 다운로드할 수 있다. 다른 곳에서 구매한 경우에는 http://www.PacktPub.com/support를 방문해 등록하면 파일을 이메일로 직접 받을 수 있다. 에이콘출판사의 도서정보 페이지인 http://www.acornpub.co.kr/book/matlab-cookbook에서도 예제 코드를 다운로드할 수 있다.

오탈자

내용을 정확하게 전달하기 위해 최선을 다했지만, 실수가 있을 수 있다. 팩트출판사의 책에서 코드나 텍스트상의 문제를 발견해서 알려준다면 매우 감사하게 생각할 것이다. 그런 참여를 통해 다른 독자에게 도움을 주고, 다음 버전에서 책을 더 완성도 있게 만들 수 있다. 오자를 발견한다면 http://www.packtpub.com/support를 방문해 이 책을 선택하고, 정오표 제출 양식을 통해 오류 정보를 알려주기 바란다. 보내준 내용이 확인되면 웹사이트에 그 내용이 올라가거나, 해당 서적의 정오표 섹션에 그 내용이 추가될 것이다. http://www.packtpub.com/support에서 해당 타이틀을 선택하면 지금까지의 정오표를 확인할 수 있다. 한국어판은 에이콘출판사 도서정보 페이지 http://www.acornpub.co.kr/book/matlab-cookbook에서 찾아볼 수 있다.

저작권 침해

인터넷에서의 저작권 침해는 모든 매체에서 벌어지고 있는 심각한 문제다. 팩트출판사에서는 저작권과 라이선스 문제를 아주 심각하게 인식하고 있다. 어떤 형태로든 팩트출판사 서적의 불법 복제물을 인터넷에서 발견했다면 적절한 조치를 취할 수 있게 해당 주소나 사이트 명을 즉시 알려주길 부탁한다.

의심되는 불법 복제물의 링크를 copyright@packtpub.com으로 보내주기 바란다.

저자와 더 좋은 책을 위한 팩트 출판사의 노력을 배려하는 마음에 깊은 감사의 뜻을 전한다.

질문

이 책에 관련된 질문이 있다면 questions@packtpub.com을 통해 문의하기 바란다. 최선을 다해 질문에 답해 드리겠다. 한국어판에 관한 질문은 이 책의 옮긴이나 에이콘출판사 편집 팀(editor@acornpub.co.kr)으로 문의해주기 바란다.

1

매트랩 그래픽의 요소
사용자 정의 – 기본

이 장에서 다루는 내용

- 첫 매트랩 플롯 생성
- 겹침이 없는 긴 눈금 레이블 배치
- 축에 고정된 주석 사용
- 가독성을 위한 터프트 스타일 격자화
- 범례를 통한 혼란 정리
- 데이터 변환으로 상세한 시각화
- 다중 그래프 배치 설계
- 알고리즘 테스트 결과 비교를 위한 시각화

소개

매트랩은 **그래픽 객체**graphic object를 이용한 데이터 표시를 구축하기 위해 풍부하고 사용하기 쉬운 환경을 제공한다. 각 그래픽 객체는 자신의 **속성**property 설정을 통해 조작할 수 있는 특성 집합을 갖는다. 각 속성은 기본 초기 설정된 상태며, **핸들**handle 이라고 하는 고유 식별자나 대화식으로 **속성 편집기**를 통해 프로그램적으로 속성에 접근해 사용자 정의 값을 설정할 수 있다. 이것은 매트랩 그래픽을 사용자 정의하는 기본적인 방법이다.

다양한 유형의 그래픽 객체는 계층적 관계일 수 있다. 예로 선 같은 플롯 요소는 참조 프레임으로 동작하는 축 객체가 필요하다. 축 객체는 플롯을 담는 그림창 그래픽 객체가 필요하다. 때로는 속성 상호 관계의 성질에 따라, 단일 명령어로 그래픽 객체의 모든 그룹 속성 설정에 영향을 줄 수 있다. 1장의 예제는 매트랩 플로팅의 모든 종류에 적용 가능한, 핸들 그래픽 조작을 통해 일반적으로 사용되는 몇 가지 사용자 정의를 보여준다.

핸들 그래픽 기술에 대해 자세히 알고 싶다면 매트랩 제품 페이지를 참조하자.[1]

그래픽 객체 속성의 프로그램적 조작

모든 플로팅plotting 관련 매트랩 명령어는 암시적으로 그림창과 축 그래픽 객체를 만든 후, 최신 그림창과 해당 그림창의 최신 **자식** 축 객체를 직접 출력한다. 명시적으로, 매트랩 콘솔에서 새로운 매트랩 그림창을 실행하는 figure 명령어를 사용할 수 있으며, axes 명령어는 새로운 축 객체를 생성한다. 동일한 그림창에 다중 축 객체를 생성할 수 있다. 각 축 객체는 **부모** 그림창 객체의 자식이다. 현재 포커스된 축 객체에 데이터를 플롯한다. get current figure 혹은 gcf 명령어로 현재 그림창 핸

---

1 http://www.mathworks.co.kr/kr/help/matlab/learn_matlab/understanding-handle-graphics-objects.html – 옮긴이

들에 접근할 수 있다. get current axes 혹은 gca 명령어로 현재 축의 핸들에 접근할 수 있다.

get(과 set) 명령어는 모든 그래픽 객체에 적용되며, 다음과 같이 사용자 설정이 가능한 속성을 조회(와 정의)할 수 있다.

플롯 편집 모드로 들어가기 위해 Plot Edit 버튼(그림창 툴바의 5번째 버튼)을 선택한다. 그러면 현재 그림창에 있는 임의의 객체를 선택한다(그림창이나 축 혹은 주석 객체). 이 것은 현재 포커스된 그래픽 객체가 된다. 사용자 정의 가능한 속성의 전체 목록과 현재 포커스된 그래픽 객체의 기본 속성을 보기 위해 콘솔에서 get(gco)을 실행한다. get과 set 명령어는 기본값을 다음과 같이 프로그램적으로 변경한다.

```
get(gco, 'Property Name');
set(gco, 'Property Name', value);
```

Plot Edit 버튼은 다음 그림에서 동그라미로 표시했다.

속성 편집기를 통한 그래픽 객체 속성 변경

매트랩 속성 편집기는 그림창과 축 속성 값(과 다른 매트랩 그래픽 객체의 속성 값)을 변경하는 또 다른 방법이다. 속성 편집기 창을 열면 모든 속성이 나열되는데, 자신이 이용하는 그래픽 객체의 유형을 사용자 정의할 수 있다.

그림창 속성 편집기 마법사를 사용하는 단계는 다음과 같다. Edit | Figure Properties | More Properties는 직접 변경할 수 있는 항목이 있는 Property Inspector Table을 불러온다. 사용자 정의 가능한 속성의 전체 목록은 Edit 메뉴 항목 아래의 드롭-다운

옵션에 있는 Axes Properties와 Current Object Properties를 참고하자.

다음 스크린샷은 임의의 매트랩 객체에 대한 사용자 정의에 활용할 수 있는 속성을
확인하기 위해 속성 편집기와 상호 작용하는 단계를 보여준다.

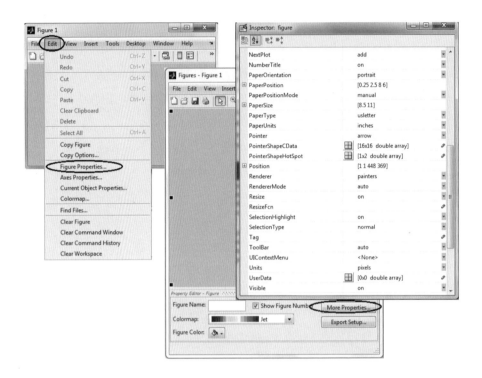

플롯 편집 모드에서 사용하고자 하는 다른 그래픽 객체에 대한 속성 편집기에 접
근할 수 있는데, 객체를 마우스로 우클릭해 나타난 Show Property Editor를 선택하
면 된다.

일단 속성 편집기를 이용해 적절한 파라미터와 원하는 설정을 확인했다면, 사용자
는 속성을 새로운 값으로 설정하는 명령행 구문을 만들 수 있다. 따라서 프로그램적
으로 사용자 정의를 반복해 언제든지 동일한 그래프를 만들 수 있다.

첫 매트랩 플롯 만들기

이번 예제를 통해 매트랩으로 플롯을 생성하는 기본 명령어를 익힐 수 있다. 엑셀 스프레드시트에서 데이터를 가져오는 방법, 데이터로 기본 플롯을 만드는 방법과 기본 주석을 추가하는 방법을 보여준다. 또한 데이터에 선형 최소 자승법linear least squares을 추가하는 방법을 제시한다. 생성한 선 객체에 대한 핸들을 찾는 방법과 시각화에 영향을 주는 속성의 일부를 변경하는 방법을 보여준다.

준비

TemperatureXL.xls 파일은 책에 수록된 코드 저장소의 일부다. 이 스프레드시트는 첫 번째 행이 영숫자 머리글인 숫자 데이터가 두 열이 있다. 첫 단계는 xlsread 명령어로 매트랩 작업공간workspace에 데이터를 가져오는 것이다.

```
[numericData headerLabels]=xlsread('TemperatureXL.xls');
```

예제 구현

다음과 같이 단계별로 수행한다.

1. 데이터를 플롯한다(순서가 중요하지 않다면 플롯하기 전에 데이터를 정렬한다. 정렬은 데이터 추세를 쉽게 평가하거나 혹은 데이터가 부족할 때 도움이 된다).

```
[sortedResults I] = sort(numericData(:,1));
plot(numericData(I,1), numericData(I,2),'.');
```

2. x와 y축에 레이블을 붙인다.

```
xlabel(['Independent Variable: ' headerLabels{1}]);
ylabel(['Dependent Variable: ' headerLabels{2}]);
```

3. 제목을 추가한다.

```
title('Scatter plot view of sorted data');
```

이때 결과는 다음과 같아야 한다.

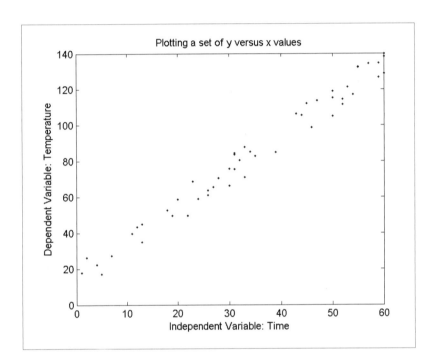

4. 추세를 평가한다(선형 최소 자승법 이용).

```
p = polyfit(numericData(I,1),numericData(I,2),1);
y = polyval(p,numericData(I,1));
```

5. 파선dashed line 스타일을 사용해 현재 축에 4단계의 추세선trend line을 올린다.
linespec 정의의 일환으로 선의 색상을 지정할 수도 있다.

```
hold on;
plot(numericData(I,1),y,'r--');
```

6. 범례를 더한다.

```
legend({'Data','Fit'},'Location','NorthWest');
```

이때 결과는 다음과 같아야 한다.

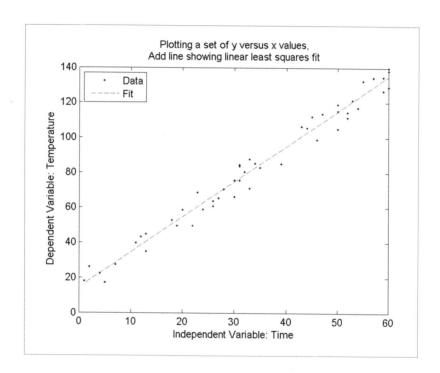

7. 설정한 색상으로 된 추세선을 찾는다. 선 스타일을 파선 대신 실선으로 수정한다. 이 단계에서 실제 RGB 값의 세 요소 벡터로 선의 색상을 정해야 한다.

```
set(findobj(gca,'Color',[1 0 0]),...
    'Linestyle','-','Linewidth',1.5);
```

7단계의 효과는 다음과 같다.

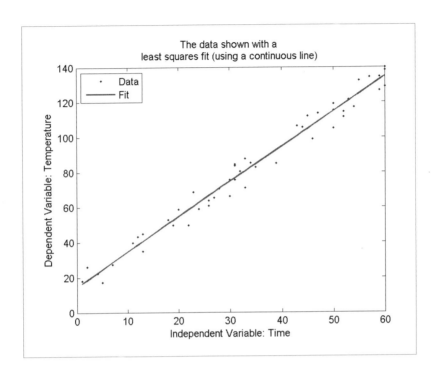

예제 분석

`xlsread` 명령어로 숫자 컬럼을 읽어 `numericData` 변수에 넣고, 영숫자 컬럼을 `headerLabels`에 넣을 수 있다. `xlsread` 명령어를 사용해 엑셀 파일 위치, 시트 이름과 읽어야 할 정확한 컬럼을 지정할 수 있다.

1단계에서는 데이터를 정렬했다. 벡터 I는 `sortedResults = numericData(I, 1)`로 데이터를 정렬한 인덱스 순서를 가진다. 그다음 정렬된 데이터를 플롯했다. `plot` 명령어는 기본적으로 데이터 점에 대한 아무런 특정 표식을 사용하지 않으며, 연속적인 데이터 점을 실선으로 연결한다는 점에 주의하자. 여기서는 선 스타일이 없는 표식 스타일을 지정했으므로, 선 스타일이 없다고 가정됐고 지정한 표식으로 표시된

점은 연결되지 않았다. 이런 타입의 그래프를 생성하는 다른 대안은 scatter 명령어를 이용하는 것이다.

2단계와 3단계에서는 x와 y축에 레이블을 붙였고 그래프에 제목을 추가했다. **문자열 연결 연산자**string concatenation operator []는 엑셀 스프레드시트로부터 가져온 몇 가지 하드코드로 작성된 텍스트와 컬럼 머리글을 이용해 레이블과 제목을 구성할 때 사용된다. 입력한 한 줄을 대표하는 각 문자열로 제목을 두 줄로 쪼개기 위해 셀 배열을 어떻게 썼는지에 주목하라.

4단계에서는 선택한 차수의 다항식을 맞추는 polyfit를 사용해 데이터를 선형 최소자승법으로 계산했다(여기서는 선형 맞춤이므로 차수는 1이다). polyfit로 얻은 선의 파라미터는 선택한 벡터와 함께 평가할 수 있다. 이번 경우는 이 플롯에서 x값을 사용했다.

5단계에서는 파선 스타일을 이용해 플롯에 추세선을 올렸다. hold 명령어는 새로운 선을 추가하기 전에 표시 영역을 지우지 않도록 한다.

6단계에서는 그래프에 범례를 더했다.

7단계에서는 지정한 색상에 기반을 두고 생성한 선 객체의 핸들을 찾는다. 이 핸들을 이용해 선 스타일을 실선 스타일로, 굵기를 사용자 정의 값으로 변경했다. 파선은 어떤 유용한 정보 없이 사용자의 주의를 산만하게 만들기 때문에 이렇게 변경하는 것이 바람직하다.

findobj 명령어는 속성 이름과 속성 값을 쌍으로 함께 그래픽 객체를 찾을 수 있게 한다. 이번 경우 현재 축의 자식이자 색상이 빨간색인 여러 개의 그래픽 객체를 찾았다. 일단 (findobj가 반환한) 핸들을 찾았으므로 중첩 연산nested operation을 이용해 핸들로 set 함수를 호출한 후, 추세선의 굵기와 스타일을 다시 설정한다.

이번 예제에서 사용한 위치 좌표는 숫자 데이터를 표현하는 훌륭한 방법이라는 점에 주목하자.

예제 통찰

▶ 숫자 데이터를 대표하는 위치 좌표 사용

▶ 플로팅 전에 데이터 정렬(순서가 중요하지 않다면)

▶ 시각 잡음을 가장 적게 생성하는 불연속선(discontinuous line) 유지

참고 사항

매트랩 도움말에서 plot, polyfit, polyval, legend, sort, xlsread, set, get, findobj, scatter 명령어를 찾아보라.

겹침이 없는 긴 눈금 레이블 배치

'첫 매트랩 플롯 만들기' 예제에서 축 레이블^{axis label}을 사용했다. 그래프에서 사용하는 또 하나의 레이블 유형으로는 눈금 레이블^{tick label}이 있는데, 축에 눈금을 표시하는 것과 관련된 숫자 혹은 영숫자 레이블이다. 플로팅 관련 명령어를 호출하면, 매트랩은 기본 위치와 숫자 눈금 레이블을 설정한다. 이번 예제에서 보듯이 눈금 레이블의 내용과 위치를 사용자 정의할 수 있다. (날짜 등의) 긴 눈 레이블이 있다면, 이번 예제는 겹침을 피하기 위해 임의 각도로 레이블을 어떻게 회전시키는지 보여준다.

준비

이번 예제에서 198개 표본의 14개 암 종류를 포함한 16,603개의 유전자에 있는 유전자 발현 데이터를 사용한다. 이 데이터는 책에 수록된 코드 저장소의 일부며, 스탠포드 대학교의 통계학과가 관리하는 기계학습 데이터 저장소에서 얻었다.

```
load 14cancer.mat
```

예제 구현

다음과 같이 단계별로 수행한다.

1. 유전자 순번인 2,798의 발현 수준을 막대 차트, 오차 막대^{error bar}와 관련 주석^{annotation}으로 표시한다.

```
% 각 암 종류에 대한 평균과 표준편차 계산
expressionLevel = [Xtrain(:,2798); Xtest(:,2798)];
cancerTypes = [ytrainLabels ytestLabels];
for j = 1:14
    indexes = expressionLevel(find(cancerTypes==j));
    meanExpressionLevel(j) = median(indexes);
    stdExpressionLevel(j) = 3*std(indexes);
end

% 그룹 내 데이터의 3 시그마 범위를 보여주는 중간값 데이터를 플롯
errorbar(1:14,meanExpressionLevel,...
    stdExpressionLevel,stdExpressionLevel);

% 주석 추가
ylabel('Gene Expression Values for gene # 2798');
xlabel('Cancer types');
title({'Line charts showing the median',...
    'Bars showing the 3\sigma limits around the median',...
    'Gene #2798 expression in 198 samples, 14 cancers',...
    'Note the overwritten labels are undecipherable!'},...
    'Color',[1 0 0]);
```

2. 사용자 정의 폰트 크기를 이용해 눈금 레이블을 추가한다.

```
set(gca,'Fontsize',11,'XTick',1:14,'XTickLabel',...
    classLabels);
```

이때 결과는 다음과 같아야 한다.

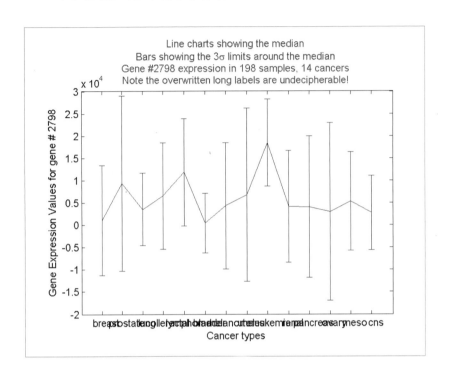

3. 눈금 레이블을 회전시킨다.

```
rotateXLabels(gca, 45);
```

rotateXLabels는 x 눈금 레이블에 대한 다음과 같은 효과가 있다.

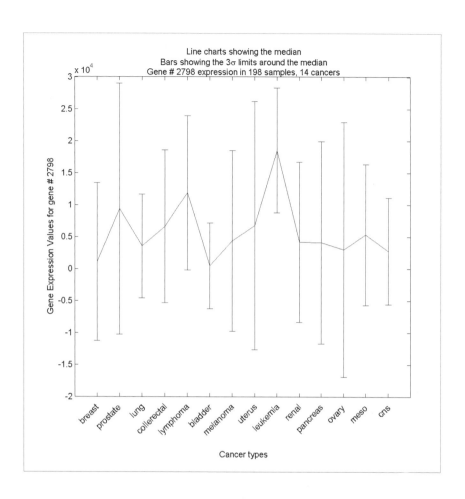

예제 분석

앞의 그림은 특정 유전자의 다양한 암에 대한 발현 수준을 보여주기 위해 오차 막대와 함께 있는 선 차트를 사용했다.

1단계에서 유전자 순번인 2,798의 발현 수준 데이터를 추출하고 각 암 종류에 대한 중앙값과 세 표준편차 값을 취합했다. 정규분포로 가정했으므로 양쪽의 세 표준편차는 데이터의 99.7 퍼센트를 포함한다. 그다음, errorbar 명령어로 계열 유전자를 플롯했다. 선으로 연결된 각 그룹의 중앙값 플롯을 만들고 각 그룹에도 그렇게 했으며, 이를 중앙 점 위아래로 막대를 표시했다. 중앙값의 양쪽에 각 그룹의 세 시그마 값을 플롯했다.

데이터를 표현하기 위해 위치 좌표를 사용한 것에 다시 주목하자. 이것은 시각화 모범 사례다. 데이터 간의 차이에 따른 현실 상황을 반영하기 위해 중앙 대표 데이터 주변에 오차 막대를 사용했다. 이것도 물론 시각화 모범 사례다. 이전 그림에서, 백혈병의 발현 수준이 높은 평균값을 갖는 것에 주목하라. 하지만 다른 암의 세 시그마 막대가 백혈병 데이터와 겹치기 때문에, 유전자 발현 수준은 백혈병에 대한 확정적인 지표로 단독으로 사용할 수 없다.

2단계에서 x 눈금 표식에 암 이름 레이블을 추가했다. 벡터가 1부터 14까지의 눈금 위치를 먼저 설정한 후에 대응하는 눈금 레이블 항목을 암 분류 이름이 들어간 문자 배열로 설정했다. 레이블 이름이 길었기 때문에, 눈금 레이블을 읽을 수 없게 만들어버렸으며, 상당히 겹쳤음을 관찰할 수 있다. 그림창의 크기를 조절하고 폰트 크기를 줄이는 방법이 이번 경우에 도움이 될 수 있다. 아무튼 더 강력한 해결책은 레이블을 회전시키는 것이다.

3단계에서 레이블을 45도로 회전시켰으므로 레이블을 읽을 수 있다. 책에 수록된 코드 저장소의 일부이자 함수인 rotateXLabels.m를 사용했다. 이 함수는 두 인자인 작업하는 축 핸들과 0~360도 범위에서 레이블을 회전시키는 각도를 취한다. 내부적으로 이 함수는 설계된 눈금 위치에서 텍스트 주석을 생성하고 두 번째 인자로 지정한 각도로 레이블을 회전시킨다. 이 함수는 벤 토르도프Ben Tordoff이 매트랩 파일 익스체인지[2]에 투고한 것을 개작했다. 눈금 레이블 회전은 레이블 겹침 문제를 해결하지만, 가파른 각도라면 읽기 매우 어렵다는 점을 기억하자.

---

2 매트랩 파일 익스체인지(MATLAB File Exchange)는 매트랩 사용자가 만든 애플리케이션, 클래스, 코드 예제, 드라이버, 함수 등을 찾을 수 있는 곳이며, URL은 http://www.mathworks.com/matlabcentral/fileexchange/ 이다. – 옮긴이

제목을 갱신할 때와 마찬가지로 그림창과 축의 크기를 재조절하는 몇 가지 추가 단계(소스 코드 38-43행에 포함되어 있다)를 이미 앞에서 그림으로 보여줬다.

예제 통찰

▶ 데이터 간 비교를 위한 위치 좌표 사용

▶ 그룹 간의 데이터 차이를 현실적으로 반영하기 위해 대표적인 데이터 점 주변에 오차 막대 사용(혹은 분산의 일부 측정)

▶ 필요하다면 x 눈금 레이블을 회전 시 낮은 각도 사용.

참고 사항

매트랩 도움말에서 errorbar 명령어를 찾아보라.

축에 고정된 주석 사용

매트랩은 annotation 명령어를 이용해 그래픽 위에 사용자 정의 요소를 배치하는 인터페이스를 제공한다. 선, 화살표, 양방향 화살표double-ended arrow, 텍스트 화살표, 텍스트 상자, 타원과 직사각형은 모두 정보 전달을 위해 기본 그래프에 올려놓을 수 있는 유효한 요소다.

준비

표준정규분포를 플롯하고 평균값 위치를 가리키는 텍스트 화살표를 그래프에 추가한다.

```
load stdNormalDistribution;
```

예제 구현

다음과 같이 단계별로 수행한다.

1. 데이터를 플롯한다. 평균값 위치에 선을 추가한다.

```
plot(x,y1);
line([mean1 mean1],get(gca,'ylim'));
```

2. 우선 데이터 공간 좌표의 화살표를 원하는 위치로 변환함으로써 텍스트 화살표 주석 컴포넌트를 dsxy2figxy를 사용해 정규화 그림창 단위normalized figure units에 추가한 후, annotation 명령어를 호출한다.

```
[xmeannfu ymeannfu]= dsxy2figxy(gca,[.5,0],[.15,.05]);
annotation('textarrow',xmeannfu,ymeannfu,'String',...
 'Mean');
```

결과는 다음과 같다.

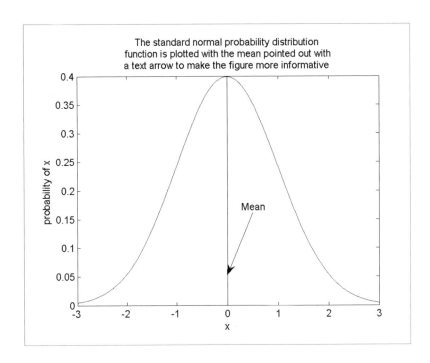

예제 분석

매트랩 annotation 명령어는 **정규화 그림창 단위**로 작동한다. 이름에서 알 수 있듯이 단위는 모두 0부터 1까지의 범위며, 수평과 수직 방향, 그림창의 전체 영역을 포괄한다. 가장 하단 왼쪽 코너는 (0, 0)으로, 가장 상단인 오른쪽 코너는 (1, 1)로 주소를 부여받는다. 그림창에 축이나 버튼 같은 사용자 정의 요소를 올리려면 정규화 그림창 단위를 사용해야 한다. dsxy2figxy 함수는 매트랩의 주석과 관련된 문서에 실려 있다. dsxy2figxy 함수는 데이터 공간 단위를 정규화 그림 단위로 좌표를 변환한다. 이 책에 수록된 코드 저장소의 일부로 제공돼 있다.

데이터 공간 축을 참조하지 않은 채 화면에 주석을 띄워야 한다면, 다음 그림과 같이 Insert 파일 메뉴 항목에서 해당 작업을 수행할 수 있다.

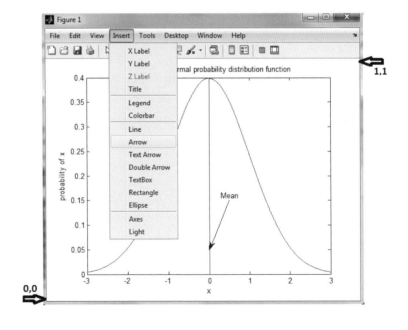

나중에 주석 객체의 Position 속성값을 조회할 수 있고, get(gco, 'position')을 사용한다면 프로그램적으로 위치 좌표를 이용해 그래픽에 객체를 추후 배치할 수 있다.

부연 설명

만약에 그림창의 크기를 조절한다면, 주석의 모양이 바뀌지만 주석과 그림창이 정규화 좌표를 사용하기 때문에 그래프에서 동일한 위치를 계속 가리킨다. 다만, 그림창 안에서 축을 상하좌우로 이동시킨다면 주석은 그림창 공간에서 고정되어 축과 함께 이동하지 않는다. 주석을 축과 관련된 데이터에 계속 연결시키려면 데이터 공간에 주석을 고정해야 한다. 다음 코드 조각에서 볼 수 있듯이 annotation_pinned 함수를 이용해 고정할 수 있다. 이 함수는 프레드 그루버^{Fred Gruber}가 매트랩 파일 익스체인지에 투고한 것을 개작했다.

```
annotation_pinned('textarrow',[.5,0],[.15,.05],...
    'String','Mean');
```

다른 대안은 플롯 편집 모드에서 플롯을 편집하는 것인데, 다음 그림과 같이 축의 위치에 주석 컴포넌트를 수동으로 고정한다.

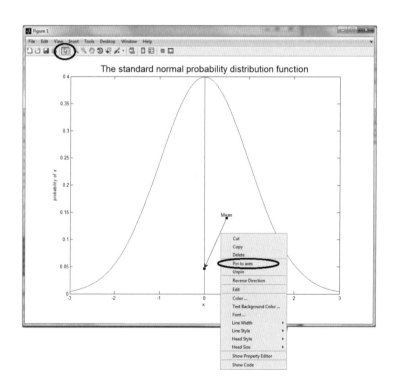

예제 통찰

▶ 그래픽의 정보 내용을 개선하기 위해, 추가 주석을 제공하는 화살표와 텍스트 레이블 등의 컴포넌트를 사용한다.

참고 사항

매트랩 도움말에서 `linespace`, `annotation`, `dsxy2figyx`, `line` 명령어를 찾아보라.

가독성을 위한 터프트 스타일 격자화

격자선$^{grid\ line}$ 사용은 훌륭한 방법이다. 눈으로 보기 쉽게 안내해주며 숫자 데이터를 읽고 비교하기 쉽기 때문이다. 매트랩의 `grid` 명령어는 기본 격자선을 켜거나 끌 때 사용된다. 이번 예제는 기본 격자선의 사용법을 보여준다. 또한 다른 선 스타일과 사용자 정의 간격으로 대체한 격자선을 추가하는 방법을 보여준다. 매트랩 `line` 명령어는 요구에 맞게 사용자 정의한 격자선을 만들 때 사용된다.

준비

이번 예제에서는 8,993명의 응답자가 14개의 질문에 답변한 마케팅 데이터 집합을 사용한다. 이 데이터는 스탠포드 대학의 통계학과에서 관리하는 기계학습 데이터 저장소에서 얻었고, 이 책에 수록된 코드 저장소에 포함돼 있다.

```
load MarketingData.mat
```

예제 구현

다음과 같이 단계별로 수행한다.

1. 인종과 소득 그룹 정보를 추출한다.

```
% y 초기화
y = NaN(length(ANNUAL_INCOMEL),...
length(ETHNIC_CLASSIFICATION));

% y의 각 데이터 점은 소득 그룹과 인종 분류에 대한 응답 번호를 가짐
for i = 1:length(ETHNIC_CLASSIFICATION)
  forThisGroup = find(data(:,13)==i);
  for j = 1:length(ANNUAL_INCOMEL)
      y(j,i) = length(find(data(forThisGroup,1)==j));
  end
end
```

2. 각 소득 그룹 내 인종 분포를 보여주기 위한 분할 막대 플롯을 생성한다.

```
% 그림창 차원 선언
figure('units','normalized',...
  'position',[ 0.3474 0.3481 0.2979 0.5565]);
axes('position',[ 0.1300 0.2240 0.6505 0.6816]);

% 막대 플롯 생성
bar(y,.4,'stacked','linestyle','none');

% 다른 미리 정의된 색상맵 사용
colormap('summer');

% 주석 추가
set(gca,'Fontsize',11,...
  'Xtick',[1:9]-.5,...
  'XTickLabel', [num2str(ANNUAL_INCOMEL') ...
  repmat(' to ',9,1) ...
```

```matlab
    num2str(ANNUAL_INCOMEU')]);
rotateXLabels(gca, 45);
ylabel('Number of responses','Fontsize',11);
xlabel('Income groups','Fontsize',11);
title({'Distribution of ethnicities in each',...
    'income group of SF bay area residents',...
    'Using Default Grid Lines'});
box on;

% 색상 막대에 주석 추가
h=colorbar;
set(h,'Fontsize',11,'ytick',1:8,'yticklabel',...
    ETHNIC_CLASSIFICATION);
ylabel(h,'Ethnicity','Fontsize',11);
set(gcf,'Color',[1 1 1]);
```

3. 자동화된 격자를 켠다.

```matlab
grid on;
```

이때 결과는 다음과 같아야 한다.

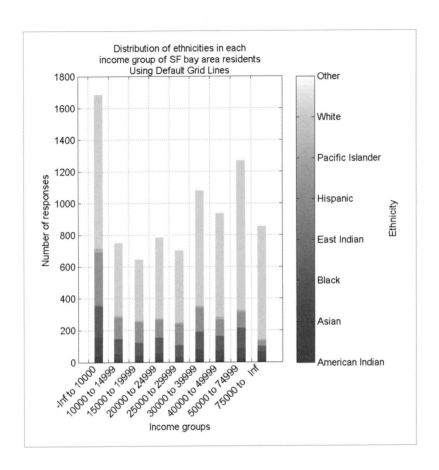

4. 최소 격자선을 켠다(그리고 제목을 갱신한다).

```
grid minor;
title({'Distribution of ethnicities in each',...
   'income group of SF bay area residents',...
   'Using Minor Grid Lines'})
```

결과는 다음과 같다.

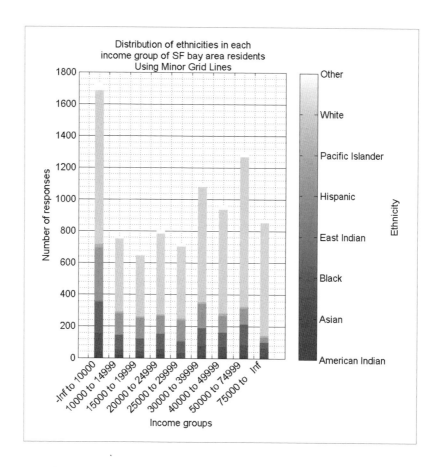

5. 자동화된 격자를 끈다.

```
grid off
```

6. 사용자 정의 격자선을 추가한다.

```
% 축 제한 설정
xlim([0 10]);ylim([0 1800]);

% y 격자 위치를 설정하고 선을 그림(x 격자선이 아님)
YgridPos = [0:200:1800];
set(gca,'ytick',YgridPos,'yticklabel',YgridPos);
```

```matlab
xLimits = get(gca,'xlim');
line([xLimits(1)*ones(size(YgridPos),1); ...
   xLimits(2)*ones(size(YgridPos),1)],...
   [YgridPos; YgridPos],'Color',[.7 .7 .7],...
   'LineStyle','-');
XgridPos = [.5:9.5];
yLimits = get(gca,'ylim');
```

```matlab
% 데이터 그룹을 분리하기 위한 특수한 y 격자선을 그림
line([XgridPos([2 9]); XgridPos([2 9])],...
   [yLimits(1)*ones(2,1) yLimits(2)*ones(2,1)]',...
   'Color',[.4 .4 .4],'LineStyle','-','Linewidth',2);
```

```matlab
% 터프트 스타일 막대기 플롯의 외부 테두리 제거
line([xLimits(1) xLimits(2)]',[YgridPos(1);...
   YgridPos(1)],'Color',[1 1 1],'LineStyle','-');
line([xLimits(1) xLimits(1)]',[YgridPos(1);...
   YgridPos(end)], 'Color',[1 1 1],'LineStyle','-');
line([xLimits(end) xLimits(end)]', [YgridPos(1);...
   YgridPos(end)],'Color',[1 1 1],'LineStyle','-');
line([xLimits(1) xLimits(2)]',[YgridPos(end); ...
   YgridPos(end)],'Color',[1 1 1],'LineStyle','-');
```

7. 주석을 더 추가한다.

```matlab
% 화살표와 텍스트 화살표 주석 추가
[xmeannfu ymeannfu]= dsxy2figxy(gca,[2,1.5],[1600,1600]);
annotation('textarrow',xmeannfu,ymeannfu,...
   'String',{'Grid lines','to separate categories',...
   'with one missing bound'});
[xmeannfu ymeannfu]=...
   dsxy2figxy(gca,[6.5,8.5],[1600,1600]);
annotation('arrow',xmeannfu,ymeannfu);
title({['Distribution of ethnicities in each '...
   'income group'],'of SF bay area residents'});
```

```
% 마지막에 있는 불필요한 y축 눈금 레이블 제거
for i = 1:length(YgridPos)-1;
cellticks{i} = num2str(YgridPos(i));
end
cellticks{i+1} = '';
set(gca,'ytick',YgridPos,'YTicklabel',cellticks);

% 색상 막대 주위에는 상자가 필요 없음
axes(h);box off;
```

이 예제의 최종 결과는 다음과 같다.

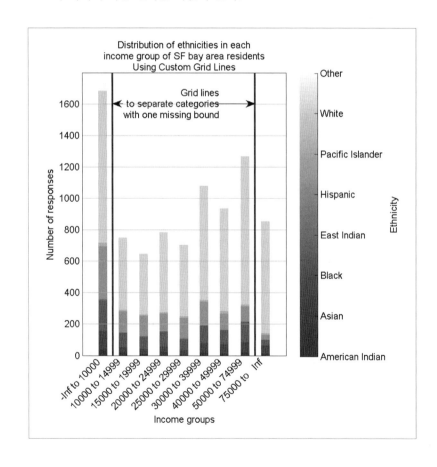

예제 분석

이전 그림은 베이 지역 주민들의 각 9개 소득 구간 내 인종 분포를 보여준다. 응답자의 가장 많은 수를 차지하는 범주는 가장 낮은 소득 범주다. 백인 인종 그룹은 모든 소득 그룹에서 가장 많은 부분을 차지하며, 다음은 히스패닉, 흑인 순이다.

이번 예제에서 분할 막대 차트인 격자선을 살펴봤다. 막대 차트는 비교를 위한 기본 도구로 선 길이를 사용하며, 이는 시각화 사례로 권장된다. 자동화된 격자와 수동으로 만든 격자선을 모두 보여줬다. 사용자 정의 격자선의 경우, 데이터를 읽을 때 시각적인 산만함을 줄이기 위한 목적으로 연속적이고 밝은 색상을 띤 격자선을 선택했다. 불필요한 수직 선을 삭제했다(에드워드 터프트^{Edward Tufte}가 제안한 대로). 범주를 시각적으로 구분할 때 도움이 되도록 특수한 기능인 수직 격자선을 추가했으며 하나의 경계선을 뺐다. 이와 같이 격자선의 최소한 기능적인 원리를 보여줬다.

그래픽 객체의 색상을 지정하는 세 가지 방법이 있다는 점에 주목하자. 첫 번째는 선 사양(예, 'r')을 사용하는 것이고, 두 번째는 RGB 값(예, [0, 0, 1])을 직접 사용하는 방법이다. 이번 예제에서는 데이터에 대한 색상을 갖기 위한 다른 내장 매트랩 colormap summer를 호출하는 방법을 사용했다. 색상 맵은 색상 스케일을 표현하는 RGB 값의 행렬이며, 여기서 첫 행은 cmin으로 대표하는 색상에 대응하고, 마지막 행은 cmax로 대표하는 색상에 대응한다. cmin과 cmax은 각각 데이터의 최솟값과 최댓값이다. 플롯을 만들 때, 매트랩은 자동으로 데이터에서 cmin과 cmax를 설정하고, 이를 기본 색상 맵인 jet과 함께 묶는다.

이번 예제에서 실습했던 또 다른 새로운 선택 사항은 1단계에서 그림창 차원을 수동으로 설정했다는 것에 주목하자. 이런 작업을 수행하는 기본 단위는 화소 좌표다. 하지만 set(grc, 'units', 'normalized')로 정규화된 좌표로 변경했다. 이 코드를 실행하면 컴퓨터 화면의 해상도에 독립적인 위치 차원을 설정한다.

예제 통찰

▶ 숫자 간 비교하기 위한 선 길이 사용

▶ 데이터를 읽기 쉽게 하는 격자선 사용

▶ 필요한 격자선의 개수 최소화

▶ 데이터 그룹을 만드는 격자선 사용

참고 사항

매트랩 도움말에서 bar, line, grid 명령어를 찾아보라.

범례로 혼란 정리

그래픽의 복잡도가 증가하면서 여러 정보 계층에 대한 코드에 점차 많은 기호, 선 스타일, 색깔 정보 등을 적용하게 된다. 그림창 범례는 혼란스러움을 정리할 때 도움이 된다. 가끔은 코드에 너무 많은 변수가 있으며, 프로그램은 추가적인 정보 계층에 대한 코드와 기발한 조합을 사용해야 한다. 이번 예제는 매트랩의 legend 명령어로 선택한 범례를 어떻게 구축하는지 보여준다. 더 나아가 특별한 요구를 충족하기 위한 자신만의 범례를 만드는 방법을 보여준다.

준비

이번 예제는 다른 파라미터를 갖는 열 개의 정규분포의 집합을 플롯한다.

```
load 10NormalDistributions
```

예제 구현

다음과 같이 단계별로 수행한다.

1. 데이터를 기본 레이블과 함께 플롯한다.

```
plot(dataVect');
title({'Ten different normal distributions',...
  ['using unhelpful legends that occlude the'...
  'actual data,'],...
  'and uses ill-separated or, repeating colors!'},...
  'Color',[1 0 0]);
xlabel('x');
ylabel('probability density function of x');
legend(legendMatrix);
```

결과는 다음과 같다.

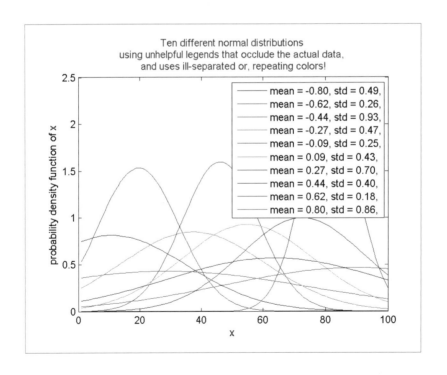

2. 선 사양^{line specification} 집합을 정의한다.

```
LineStyles = {'-','--',':'};
MarkerSpecs = {'+','o'};
ColorSpecs = {'r','g','b','k'};
cnt = 1;
for i = 1:length(LineStyles)
  for j = 1:length(MarkerSpecs)
    for k = 1:length(ColorSpecs)
      LineSpecs{cnt} = [LineStyles{i} MarkerSpecs{j} ...
        ColorSpecs{k}];
      cnt = cnt+1;
    end
  end
end
```

3. 분포를 시각화하기 위해 새로운 선 사양을 적용한다. 범례 항목을 두 줄로
   쪼갠다. 범례에 작은 폰트를 사용한다. 그래프 영역 밖에 범례를 배치한다.

```
figure; hold on;
for i = 1:10
  dataVect(i,:) = (1/sqrt(2*pi*stdVect(i).^2))*...
    exp(-(x-meanVect(i)).^2/(2*stdVect(i).^2));
  plot(dataVect(i,:), LineSpecs{i});

  % 다중 선 범례 항목
  legendMatrix{i} = ...
    [sprintf('mean = %.2f, ',meanVect(i))...
    char(10) ...
    sprintf('std = %.2f',stdVect(i))];
end
title('Ten different normal distributions');
xlabel('x'); ylabel('probability density function of x');
legend(legendMatrix,'Location','NorthEastOutside',...
```

```
    'Fontsize',8);
box on;
```

새로운 결과는 다음과 같아야 한다.

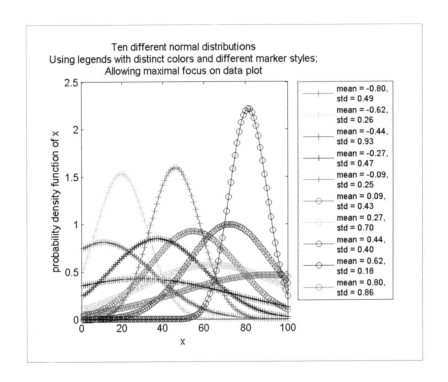

예제 분석

선 사양은 선 스타일, 선 너비, 표식 스타일, 표식 크기와 선 색깔(여기에 사용했던 문자 축약과 실제 RGB 값 중 하나를 지정할 수 있음)로 구성된다. 선의 모든 속성을 정보로 코드화할 수 있다. 표식 스타일과 선 스타일과 함께 조합해 몇 가지 뚜렷한 색상을 사용하면 이번 예제의 10개 선 집합을 훨씬 더 잘 구분할 수 있다. 여기선 색상을 임의로 선택했다는 것에 주목하자. 순차 팔레트^{sequential palette}는 데이터 순서를 나타낸다.

범례에 색상이 너무 많이 들어가면 알아보는 데 혼란을 준다.

문자열 사이에 있는 범례를 두 줄로 강제로 쪼개는 개행 문자인 char(10)을 추가한다.

부연 설명

legend 명령어는 플롯 명령어를 호출할 때마다 내부적으로 계수를 증가시킨다. 때로는 자동 증분 과정이 너무 제한적이다. 다음과 같이 한 범례 항목에만 대응하는 여러 플롯 명령어가 필요할 수 있다.

```
figure; hold;
plot(dataVect(1:6,:)','Color',[1 0 0]);
plot(dataVect(7:10,:)','Color',[0 0 0]);
h=legend(['Color 1' char(10) 'first 6 curves'],...
    ['Color 2' char(10) 'remaining 4 curves'],...
    'Location','Best');
c=get(h,'Children');
set(c(1:3),'Color',[1 0 0]);
set(c(4:6),'Color',[0 0 0]);
```

결과는 다음과 같다.

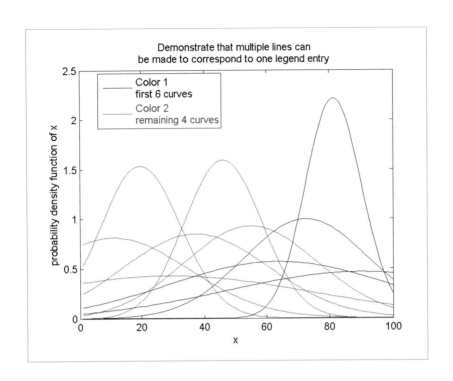

켈리 커니Kelly Kearney가 매트랩 파일 익스체인지에 투고한 것을 직렬 주상 형식serial columnar format 대신에 범례 컴포넌트를 유연하게 배치 가능하도록 만듦으로써 legend 기능을 확장했다. 이 코드는 책에 수록된 코드 저장소의 일부다. 예제는 다음과 같다.

```
figure('units','normalized','position',...
  [ 0.4172 0.1769 0.2917 0.5861]);
hold on;
for i = 1:10
  h(i) = plot(dataVect(i,:), LineSpecs{i});
end
legendflex(h,...                  % 선을 플롯하기 위한 핸들
  legendMatrix,...                % 범례 항목에 대응
  'ref', gcf, ...                 % 어떤 그림창
  'anchor', {'nw','nw'}, ...      % 범례 상자 위치
  'buffer',[50 0], ...            % 위치에 대한 오프셋
```

```
'nrow',4, ...                    % 행 개수
'fontsize',8,...                 % 폰트 크기
'xscale',.5);                    % 실제 기호에 대한 배율
```

결과는 다음과 같다.

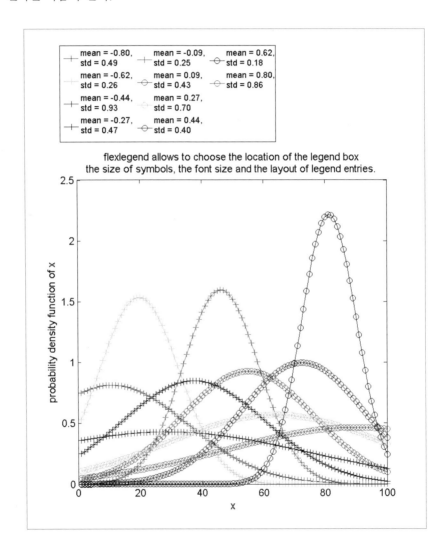

제목을 갱신할 때와 마찬가지로 그림창과 축의 크기를 재조절하는 몇 가지 추가 단계(소스 코드 73~76행에 들어 있음)를 앞의 그림으로 제시했다.

예제 통찰

▶ 데이터는 여전히 최대의 관심사이므로, 범례 사용 시 신중하게 작성하고 현명하게 배치한다.

▶ 범례에서 코드 정보로 색상을 넣은 선 스타일과 표식 스타일을 사용한다.

▶ 범례 안에서 많은 수의 서로 다른 색상을 사용하지 않는다(색상은 범주 변수를 코딩하기 위해 최적으로 예약돼 있다. 순차 색상 선택은 범주 변수 내 순서임을 암시한다. 비순서 범주 변수를 코딩한다면 비순차 색상을 사용한다).

참고 사항

매트랩 도움말에서 legend, grid, flexlegend 명령어를 찾아보라.

데이터 변환으로 상세한 시각화

올바른 변환은 원래의 영역에서는 관찰할 수 없는 데이터의 특징을 보여줄 수 있다. 이번 예제에서 이 작동 원리를 볼 수 있다.

준비

이번 예제에서, 성장의 시간 변화율이 있는 데이터 계열을 사용한다. 이 경우 일반적인 사례는 성장 기간을 효율적으로 시각화하기 위한 로그 변환을 사용한다. 원 함수는 주어진 식에 따라 50 주기 이상인 계열을 생성하며, 여기서 성장 효율 E는 시간 함수다(소스 코드의 11~15행을 실행하라).

```
y1 = r * (1+E).^x;
```

예제 구현

다음과 같이 단계별로 수행한다.

1. plotyy 명령어로 원본 데이터와 변환된 데이터를 플롯한다.

```
y2 = log(y1);
axes('position',[0.1300      0.1100     0.7750     0.7805]);

[AX,H1,H2] = plotyy(x,y1,x,y2,'plot');
title({'Use log transformations to effectively ...
visualize','growth, saturation, decay data profiles'});
set(get(AX(1),'Ylabel'),'String','data');
set(get(AX(2),'Ylabel'),'String','log(data)');
xlabel('x'); set(H1,'LineStyle','--'); set(H2,'LineStyle',':');
```

2. 데이터 특징을 드러내기 위해 주석을 생성한다.

```
annotation('textarrow',[.26 .28],[.67,.37],...
  'String',['Exponential Growth' char(10) ...
  '(Cycles 1 to 30)']);
annotation('textarrow',[.7 .7],[.8,.64],'String',...
  ['Non Exponential Decay' char(10) ...
  '(Cycles 30 to 45)']);
annotation('textarrow',[.809 .859],[.669,.192],...
  'String',...
  ['Zero growth' char(10) '(Cycles 45 to 50)']);
legend({'Untransformed data','Log Transformed data'},...
  'Location','Best');
```

결과는 다음과 같다.

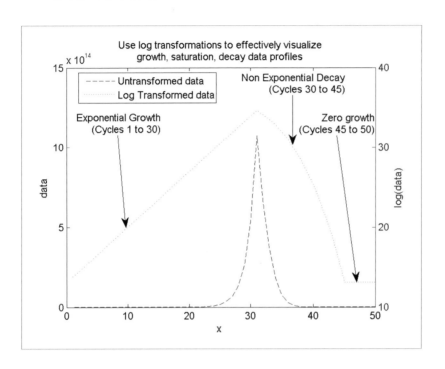

예제 분석

원본과 변환된 영역의 데이터는 모두 유용한 정보를 가질 수 있다. 변환 영역에서는 원본 데이터를 살펴볼 때 나타나지 않았던 데이터에 관한 흥미로운 특성을 드러낸다.

매트랩은 두 가지를 동시에 사용하기 위한 plotyy 명령어를 제공하며, 왼쪽과 오른쪽 y축은 데이터의 두 집합을 플롯한다. 이것은 독립 변수 x가 동일하다면 특히 유용하다(이번 예제와 같이).

plotty는 원하는 레이블을 넣을 때 사용하는 핸들을 반환하며, 이 핸들은 AX 변수에 저장된다(이번 경우 y축의 양쪽에 있는 문자열 data와 log(data) 다).

참고하자면, 매트랩은 눈금 레이블에서 과학적 표기법을 사용한다. 때론 의도하지 않은 효과를 낳는다. 다음과 같이 종료할 수 있다.

```
% 그림창의 크기를 재조절하면 매우 큰 숫자를 볼 수 있음
set(gcf,'units','normalized','position',...
    [0.0411    0.5157    0.7510    0.3889]);

% AX(1)은 변환되지 않은 축의 데이터에 대한 핸들 저장
n=get(AX(1),'Ytick');
set(AX(1),'yticklabel',sprintf('%d |',n'));
```

결과는 다음과 같다.

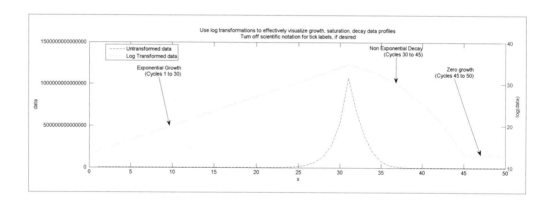

부연 설명

로그는 이런 일반적인 변환이기 때문에, 매트랩에서 xscale 혹은 yscale 속성을 변경함으로써 x 혹은 y나 두 축 모두의 스케일을 로그 스케일로 바로 바꿀 수 있게 한다. semilogx, semilogy와 loglog 플롯 유형을 직접 사용할 수도 있다. 예는 다음과 같다.

```
subplot(2,1,1);
semilogy(x,y1);
```

```
xlabel('x');

ylabel('data on log scale');

title({'MATLAB command semilogy was directly used',...

  'to view the y values on a log scale'});

subplot(2,1,2);

plot(x,y1);

set(gca,'yscale','log');

xlabel('x');

ylabel('data on log scale');

title({'Use ordinary x versus y plot',...

  'Change yscale property to log for the same effect'});
```

결과는 다음과 같이 나타난다.

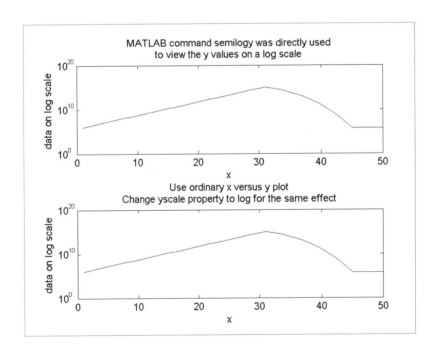

 예제 통찰

▶ 데이터 탐색에서 데이터 변환 사용

참고 사항

매트랩 도움말에서 이번 예제에 접했던 `poltty`, `semilogx`, `semilogy`, `loglog` 명령어를 찾아보라.

다중 그래프 배치 설계

연관 데이터가 아주 가까운 곳에 놓여 있다면 해석하기가 더 쉽다. 매트랩은 `subplot` 명령어로 이런 작업을 하는 기본 방법을 제공한다. 서브플롯은 규칙적인 격자에서 서로 옆에 나란히 있는 그래프를 생성하기엔 충분하다. 하지만 때로는 초점을 많이 두어야 하는 이유로 물리적인 영역을 많이 차지하는 하나의 주된 그래프만 있을 경우라면 불규칙한 격자가 필요하다. 문맥을 제공하는 다른 그래프는 매우 축약된 보기를 제공하는 반면 하나의 그래프에 관한 자세한 정보를 볼 수 있다. 이번 예제에서는 그래프 집합을 배치하는 방법에 집중한다.

준비

2011년 AAPL 주식의 주가 지수를 사용한다.

```
% 데이터를 불러온 후, 먼저 빠른 날짜를 얻기 위해 순서를 반대로 함
[AAPL dateAAPL] = xlsread('AAPL_090784_012412.csv');
dateAAPL = datenum({dateAAPL{2:end,1}});
dateAAPL = dateAAPL(end:-1:1);
AAPL = AAPL(end:-1:1,:);

% 주로 표시할 시간 창 선택
rangeMIN = datenum('1/1/2011');
rangeMAX = datenum('12/31/2011');
idx = find(dateAAPL >= rangeMIN & dateAAPL <= rangeMAX);
```

예제 구현

균등 격자 배치를 위해, 다음과 같이 단계별로 수행한다.

1. 정규 격자 배치를 위해 subplot 함수를 사용한다. 매트랩이 각 연속적인 위치에 어떻게 접근하는지 이해하기 위해 각 서브플롯에 제목을 단 것에 주목하자.

```
% 그림창 선언
figure('units','normalized','position',...
  [ 0.0609    0.0593    0.5844    0.8463]);

% 데이터 레이블 선언
matNames = {'Open','High','Low','Close','Volume',...
  'Adj Close'};

% 배치하기 위한 서브플롯 사용
for i = 1:6 subplot(3,2,i);
  plot(idx,AAPL(idx,i));
  if i~=5
    title([matNames{i} ' $, '...
      'subplot(3,2,' num2str(i) ')'],...
      'Fontsize',12,'Color',[1 0 0 ]);
    ylabel('$');
  else
    title([matNames{i} ' vol, '...
      'subplot(3,2,' num2str(i) ')'],...
      'Fontsize',12,'Color',[1 0 0 ]);
    ylabel('Volume');
  end
  set(gca,'xtick',linspace(idx(1),idx(end),12),...
    'xticklabel',...
    datestr(linspace(dateAAPL(idx(1)),...
      dateAAPL(idx(end)),12),...
```

```
            'mmm'),'Fontsize',10,'fontweight','bold');
      rotateXLabels(gca,40);
      box on; axis tight
  end

  % 플롯 집합을 함께 연결하는 제목 추가
  annotation('textbox',[ 0.37      0.96      0.48      0.03],...
     'String','Apple Inc Stock Price over year 2011',...
     'Fontsize',14,'Linestyle','none');
```

균등 격자에 다중 그래프로 배치된 연관 정보를 보여준다.

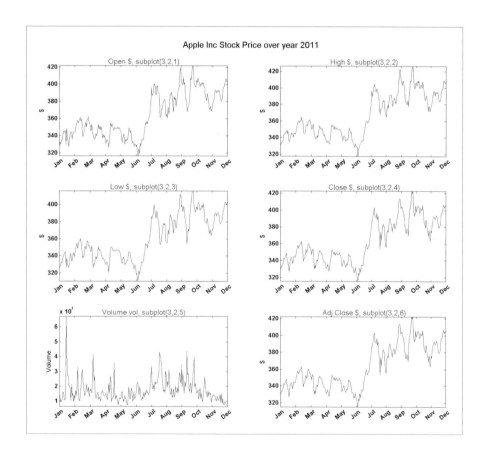

사용자 정의 다중 그래프 배치의 경우, 가격 변화가 큰 주기의 문맥에 있는 특정 시간대 창 위에 있는 주가를 보기 위해 일반적으로 사용하는 플롯 집합을 생성한다. 세개의 패널에 데이터를 플롯한다. 하단 대부분 패널에 전체 데이터가 있다. 하단 패널에 있는 파란 부분은 계열의 일부며, 이를 확대해서 최상단 패널에 보여준다. 첫번째 패널인 같은 시간대 창에 있는 볼륨 데이터를 막대 차트로 중앙 패널에 표시한다. 다음과 같이 단계별로 수행한다.

1. 패널 1에서 데이터를 플롯한다.

```matlab
% 그림창 차원
figure('units','normalized','Position',...
  [ 0.0427     0.2102     0.6026     0.6944]);

% 축 배치
Panel1 = axes('Position',...
  [ 0.0570     0.5520     0.8850     0.3730]);hold;

% 곡선 아래에 있는 영역을 채운 플롯을 생성하는 영역 그래프 사용
area(AAPL(idx,4),'FaceColor',...
  [188 210 238]/255,'edgecolor',...
  [54 100 139 ]/255);

% 축 보기 파라미터 설정
xlim([1 length(idx)]);
yminv = min(AAPL(idx,4))-.5*range(AAPL(idx,4));
ymaxv = max(AAPL(idx,4))+.1*range(AAPL(idx,4));
ylim([yminv ymaxv]);
box on;

% 격자선 설정
set(gca,'Ticklength',[0 0],'YAxisLocation','right');
line([linspace(1,length(idx),15);
  linspace(1,length(idx),15)],...
  [yminv*ones(1,15); ymaxv*ones(1,15)],...
```

```matlab
    'Color',[.7 .7 .7]);
line([ones(1,10); length(idx)*ones(1,10)],...
    [linspace(yminv, ymaxv,10); ...
    linspace(yminv, ymaxv,10);],'Color',[.9 .9 .9]);

% 주석 설정
set(gca,'xtick',linspace(1,length(idx),15),...
    'xticklabel',datestr(linspace(dateAAPL(idx(1)),...
    dateAAPL(idx(end)),15),'ddmmmyy'));
title({'Apple Inc Stock Price,',...
    '(detailed view from selected time window)'},...
    'Fontsize',12);
```

2. **패널 2에서 데이터를 플롯한다**(특히 데이터 눈금 레이블을 생성하는 방법에 주목하자).

```matlab
% 축 배치
Panel2 = axes('Position',[.0570 .2947 .8850 .1880]);

% 막대 차트로 볼륨 데이터 플롯
bar(1:length(idx), AAPL(idx,5),.25,...
    'FaceColor',[54 100 139 ]/255);
hold; xlim([1 length(idx)]);hold on;

% 격자선 추가
yminv = 0;
ymaxv = round(max(AAPL(idx,5)));
line([linspace(1,length(idx),30);...
    linspace(1,length(idx),30)],...
    [yminv*ones(1,30); ymaxv*ones(1,30)],...
    'Color',[.9 .9 .9]);
line([ones(1,5); length(idx)*ones(1,5)],...
    [linspace(yminv, ymaxv,5); ...
    linspace(yminv, ymaxv,5);],'Color',[.9 .9 .9]);
ylim([yminv ymaxv]);
```

```
% 특수한 날짜 눈금 레이블 설정
set(gca, 'Ticklength',[0 0],...
'xtick',linspace(1,length(idx),10),'xticklabel',...
  datestr(linspace(dateAAPL(idx(1)),...
  dateAAPL(idx(end)),10),'ddmmmyy'));
tickpos = get(Panel2,'ytick')/1000000;
for i = 1:numel(tickpos)
  C{i} = [num2str(tickpos(i)) 'M'];
end
set(Panel2,'yticklabel',C,'YAxisLocation','right');
text(0,1.1*ymaxv,'Volume','VerticalAlignment','top',...
  'Color',[54 100 139 ]/255,'Fontweight','bold');
```

3. **패널 3에 데이터를 플롯한다**(특히 하위-선택은 관계를 맺기 위해 패널 1의 상세 보기로 동일한 색상을 갖는 부분인 관심 시간대 창 위에 플로팅했음을 암시한다는 것에 주목하자).

```
% 축 배치
Panel3 = axes('Position',[.0570 .1100 .8850 .1273]);

% 기본 플롯을 수정한 첫 플롯 생성
area(dateAAPL, AAPL(:,4),'FaceColor',...
  [234 234 234 ]/255,'edgecolor',[.8 .8 .8]);
hold;
line([min(idx) min(idx)],get(gca,'ylim'),'Color','k');
line([max(idx) max(idx)],get(gca,'ylim'),'Color','k');
set(gca,'Ticklength',[0 0]);

% 강조하려고 오버플롯(overplot)(관계 맺기 위한 동일한 색상 사용)
area(dateAAPL(idx),AAPL(idx,4),'FaceColor',...
  [188 210 238]/255,'edgecolor',[54 100 139 ]/255);
ylim([min(AAPL(:,4)) 1.1*max(AAPL(:,4))]);
xlabel('Long term stock prices');
```

```
% 여분 격자선 추가
line([min(get(gca,'xlim')) min(get(gca,'xlim'))],...
   get(gca,'ylim'),'Color',[1 1 1]);
line([max(get(gca,'xlim')) max(get(gca,'xlim'))],...
   get(gca,'ylim'),'Color',[1 1 1]);
line(get(gca,'xlim'),[max(get(gca,'ylim')) ...
   max(get(gca,'ylim'))],'Color',[1 1 1]);
line(get(gca,'xlim'), [min(get(gca,'ylim')) ...
   min(get(gca,'ylim'))],'Color',[1 1 1]);
set(gca,'xticklabel',datestr(get(gca,'xtick'),...
   'yyyy'),'yticklabel',[]);
```

결과인 AAPL(애플 주식회사 주가)의 주가 차트를 다음 그림으로 제시했다. 이 그래픽은 하향식 드릴 다운 전형top to bottom drill down paradigm을 이용한 문맥 정보를 전달할 때 플롯 조합을 사용할 수 있고, 함께 배치한 다른 부분과 연계할 때 색상을 사용할 수 있음을 보여준다.

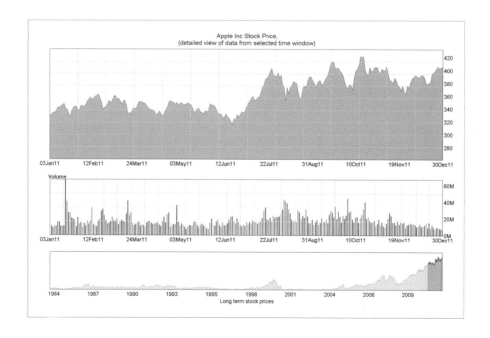

예제 분석

관련 정보를 아주 근접하게 유지하는 표시 설계는 보는 사람이 정보의 다른 조각을 통합하는 데 도움을 준다.

균등 격자 배치 경우 APPL의 6가지 주가 지수 차트를 제시했다. `H = subplot(m, n, p)`이나 `subplot(mnp)` 명령어는 그림창을 작은 축의 m×n 행렬을 분리하며, 현재 플롯에 대한 p번째 축을 선택하면 해당 축 핸들을 반환한다. 그림창의 상단 행에 따라 축을 계산한 후, 두 번째 행을 따라간다. 이것은 매트랩으로 정규 격자 위에 플롯 집합을 구성하는 가장 효율적인 방법이다.

사용자 정의 다중 그래프 배치는 다음과 같이 주어진 **정규화 그림창 단위**를 사용해 3개의 다른 축 위치를 결정하는 파라미터를 생성하는 방법이다.

1. `figure`로 빈 그림창을 생성한 후, 어떠한 파라미터 없이 각 축에 대해 `axis` 명령어를 사용해 (한번에 원하는 만큼의) 축을 그림창에 추가한다.
2. 툴바에서 원으로 그려진 아이콘을 선택해 플롯 편집 모드에 들어간다.
3. 각 축을 선택한 다음에는 원하는 위치에 드래그 앤 드롭한 후 크기를 재조절한다.
4. 각 축을 선택한 후, 각 축에 대한 파라미터를 생성하기 위해 명령행에서 `get(gca, 'position')`을 실행한다.
5. `axes` 명령어를 위 파라미터와 함께 프로그램적으로 매번 동일한 위치에 있는 축을 생성하는 코드에 추가한다.

다중 플롯 그래픽을 생성해 유연하게 배치하는 단계를 모두 거친 결과는 다음과 같다.

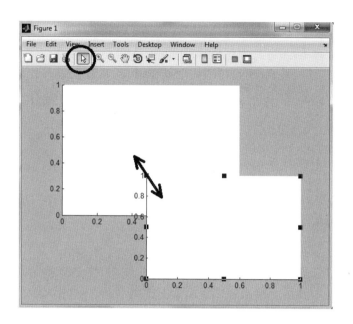

예제 통찰

▶ 가능하다면 아주 가까운 곳에 관련된 그래프 배치

▶ 몇 가지 밝은 격자선 사용

▶ 연계를 만들기 위한 색상 사용

참고 사항

매트랩 도움말에서 이번 예제에 접했던 datestr, subplot, axis 명령어를 찾아보라.

알고리즘 테스트 결과를 비교하기 위한 시각화

데이터 분석가는 여러 가지 문제 해결 방법을 자주 비교해야 한다. 입력 표본을 보통 여러 가지 범주로 분류할 수 있다. 이번 도전 과제는 모든 범주를 다루는 가장 좋은 방식 중에서 한 가지를 선택하는 것이다. 테스트 결과를 빠르게 비교하는 시각화 방법으로 이번 예제에서는 도표 형식인 막대 차트 집합을 사용한다.

준비

이전 예제에서, 매트랩의 미리 정의된 색상 체계^{color scheme}를 사용했다. 이번 예제에서, 컬러브루어^{Colorbrewer}에서 선택한 색상 팔레트^{color palette}는 맵과 다른 그래픽에서 색상을 선택하는 온라인 도구다. 다음과 같이 RGB 값을 사용해 비교하기 위한 다섯 가지 다른 표본 범주에 대응하는 색상 행렬을 정의한다.

```
Colors = [ 141 211 199;255 255 179;190 186 218;...
    251 128 114;128 177 211; ]/255;
```

주요 데이터는 각 열이 비교할 다섯 가지 알고리즘 중 하나를 대표하며, 각 행은 소스 표본의 다른 범주를 표현하는 MethodPerformanceNumbers에 들어있다. CategoryTotals 행렬은 각 범주의 다섯 가지 방법으로 테스트한 표본의 총 개수다. 이 책의 코드 저장소에 있는 데이터를 작업공간으로 불러온다.

```
load algoResultsData
```

예제 구현

다음과 같이 단계별로 수행한다.

1. 축 구성도를 정의한다. 이 장의 '다중그래프 배치 설계' 절에서 기술했던 방법을 사용해 축 위치에 대한 파라미터를 선택했다. 이번 예제 초반에 정의한 색상 체계를 이용해 각 범주에서 성공 횟수를 대표하는 막대를 생성하기 위해 line 명령어를 사용한다.

```
% 그림창 정의
figure('units','normalized',...
    'Position',[ 0.0880 0.1028 0.6000 0.6352]);

% 비교할 알고리즘 이름에 X 눈금 레이블 부여
% 보이지 않는 축 생성, 각도 별로 눈금 레이블 배치
hh = axes('Position',[.1,.135,.8,.1]);
set(gca,'Visible','Off',...
    'TickLength',[0.0 0.0],...
    'TickDir','out',...
    'YTickLabel','',...
    'xlim',[0 nosOfMethods],...
    'FontSize',11,...
    'FontWeight','bold');
set(gca,'XTick',.5:nosOfMethods-.5,...
    'XTickLabel',{'K Means','Fuzzy C Means',...
    'Hierarchical','Maximize Expectation','Dendogram'});
catgeoryLabels = {'Fresh Tissue','FFPE',...
    'Blood','DNA','Simulated'};
rotateXLabels(gca,20);
```

2. **다섯 개의 다른 축을 배치한 후, 각 행의 하나를 다섯 가지 표본 유형에 대응한다**(동일한 for 반복문의 일부로 2단계와 3단계를 계속한다).

```
% 사용 가능한 수직 공간을 다섯 개로 분리
y = linspace(.142,.8,nosOfCategories);

% 각 축을 배치
% 축의 높이는 범주 내 표본의 총 개수에 대응

for i = 1 :nosOfCategories
  if CategoryTotals(i);
    ylimup = CategoryTotals(i);
  else
    ylimup = 1;
```

```
    end

    dat = [MethodPerformanceNumbers(i,:)];
    h(i) = axes('Position',[.1,y(i),.8,y(2)-y(1)]);
    set(gca,'XTickLabel','',...
        'TickLength',[0.0 0.0],...
        'TickDir','out',...
        'YTickLabel','',...
        'xlim',[.5 nosOfMethods+.5],...
        'ylim',[0 ylimup]);
```

3. **성공 횟수를 대표하는 막대를 플롯하고, 양쪽에 레이블을 추가한다**(각 범주
마다 수행해야 하는데, 2단계의 for 반복문 안에서 시작하기 때문이다).

```
% 각 범주 내 성공 횟수를 대표하는 막대를
% 이번 예제의 초반에 정의된 색상을 함께 이용해
% 생성하는 line 명령어 사용
line([1:nosOfMethods; 1:nosOfMethods],...
    [zeros(1,nosOfMethods); dat],...
    'Color',Colors(i,:),...
    'Linewidth',7);
    box on;

% 막대 옆에 텍스트인 실제 숫자를 배치
for j= 1:nosOfMethods
    if dat(j);
        text(j+.01,dat(j)-.3*dat(j),...
            num2str(dat(j)),'Rotation',20,'FontSize',13);
    end
end

% 범주 레이블 추가
ylabel([catgeoryLabels{i} char(10) ...
    '#Samples' char(10) ' = ' num2str(ylimup)],...
    'Fontsize',11);
end
```

4. 주석을 추가한다.

```
title(['Number of Successes from 5 Clustering'...
    'Algorithms'],'Fontsize',14,'Fontweight','bold');
axes(h(3));
text(0.06,-170,...
    ['Performance #s with samples from different' ...
    'categories'],'Fontsize',14,'rotation',90,...
    'Fontweight','bold');
set(gcf,'Color',[1 1 1],'paperpositionmode','auto');
```

결과는 다음과 같다.

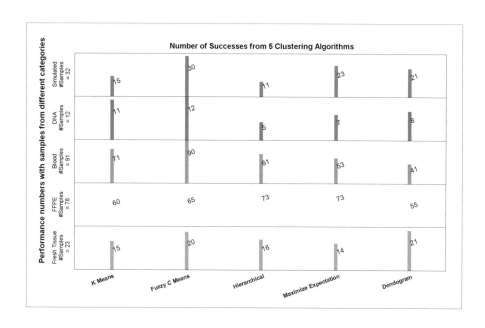

예제 분석

위 그림은 다섯 가지 군집 알고리즘을 테스트해서 얻은 성공 횟수를 보여준다. 입력 표본의 다섯 가지 다른 유형을 해당 알고리즘으로 처리했다. 결과를 도표 형식인 막대 차트로 표현했다. Fuzzy C Means^{퍼지 C-평균}는 다른 선택사항에 비해 모든 표본 범주에 걸쳐 가장 높은 퍼센트로 성공한 만큼 분명히 더 나은 결과를 냈다.

이번 예제는 1장의 이전 예제에서 다뤘던 시각화 기술을 합쳤다.

같은 색상의 막대 길이를 서로 비교해야 한다는 것에 주목하자. 막대 길이는 주어진 표본 범주 내 왼쪽에 표시한 표본 총 개수 중에서 성공 횟수를 나타낸다. 각 입력 표본 범주에서 표본 총 개수가 동일하지 않으므로, 다른 색상을 갖는 막대 길이를 서로 비교할 수 없다. 여기서는 RGB 값으로 정의한 색상 집합인 간단한 색상 행렬을 사용했음을 참고하자. '가독성을 위한 터프트 스타일 격자화' 예제에서 기술했던 색상 맵 개념을 사용하지 않는다.

또한 이와 같은 작은 숫자 집합이라면 그래픽 설계는 일반적으로 불필요하다. 테이블로 이런 정보를 전달하기엔 충분하다.

예제 통찰

▶ 연계를 만들기 위해 같은 색상 사용

▶ 범주를 구분하기 위해 불연속적인 색상 사용

2

1차원 데이터 표시에
뛰어들기

이 장에서 다루는 내용

- 파이 차트, 줄기 플롯과 계단 플롯
- 상자 플롯
- 꺾은선
- 분할선 그래프
- 노드 링크 플롯
- 달력 열지도
- 분산 데이터 분석
- 시계열 분석

소개

2장은 1차원 데이터 표시에 중점을 둔다. 이런 목적에 사용되는 매우 흔한 차트 유형은 선 차트, 막대 차트, 분산형 플롯이다. 모두 수치 정보를 표현하기 위해 **위치 좌표**positional coordinate를 사용한다. 시각화 전문가 에드워드 터프트Edward Tufte에 의하면 위치 좌표는 수치 정보를 표현하는 최적의 방법 중 하나다. 수치 데이터를 나타낼 때 각도, 길이, 영역, 부피나 등의 다른 차원보다 위치 좌표를 더 선호한다. 당신은 1장에서 다음 플롯을 사용했다.

- '첫 매트랩 플롯 만들기'에서 1차원 분산형 플롯scatter plot
- '겹침이 없는 긴 눈금 레이블 배치'에서 선 플롯line plot
- '가독성을 위한 터프트 스타일 격자화'에서 막대 플롯bar plot

물론 데이터의 성질과 그래픽 용도에 따라 다른 유형의 플롯이 적합할 수도 있다. 데이터 분석 방식은 시각화를 이끌어낼 수도 있다. 2장에서는 1차원에 대한 플롯 유형과 데이터 분석 방식을 다루는 예제 집합을 함께 제시하며, 다른 응용 영역의 예제를 사용한다.

파이 차트, 줄기 플롯과 계단 플롯

이번 예제에서는 인기 있는 차트 유형인 파이 차트pie chart, 줄기 플롯stem plot, 계단 플롯stair plot을 볼 수 있다.

예제 구현

다음과 같이 단계별로 수행한다.

1. 매트랩의 `pie` 명령어로 **파이 차트**를 생성한다. 파이 차트를 플롯한 후, 강조를 넣기 위해 파이 조각을 분리한다.

```
Expenses = [20 10 40 12 20 19 5 15];
ExpenseCategories = {'Food','Medical','Lodging','Incidentals','T
ra nsport',...
   'Utilities','Gifts','Shopping'};
MostLeastExpensive = ...
   (Expenses==max(Expenses)|Expenses==min(Expenses));
h=pie(gca,Expenses,MostLeastExpensive,ExpenseCategories);

% 번갈아 나오는 모든 핸들은 텍스트 객체며, 파이가 반환함
% 레이블의 폰트 크기를 늘리기 위해 사용
for i =2:2:16;set(h(i),'fontsize',14);end

% 주석 추가
title('Annual Expense Report','fontsize',14);
```

결과는 다음과 같다.

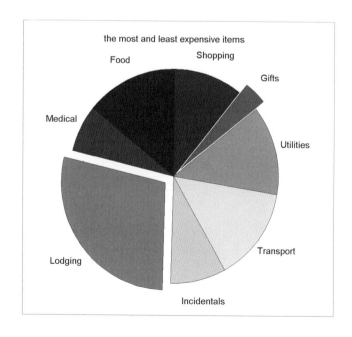

2. 매트랩의 stem 명령어로 **줄기 플롯**을 생성한다. 연속적인 신호를 이산화해 처리하는 과정을 보기 위해 줄기 플롯을 사용한다.

일단 예제의 소스 코드를 연 후, 변수인 x, y, x1, x2, y1, y2를 만들기 위해 25~32행을 실행한다(여기서는 간결하게 하기 위해 생략했다). 그러고 나서 다음 단계를 실행한다.

```
% x와 y는 원래 신호고, x1, y1은 원래 신호를 샘플링해서 얻음.
% x2, y2는 원래 신호를 다르게 샘플링해서 얻음
plot(x,y); hold on;
h1 = stem(x1,y1);
h2 = stem(x2,y2);

% 선택한 표식 크기와 스타일 결정
set(h1,'MarkerFaceColor','green','Marker','o',...
    'Markersize',7,'Color',[0 0 0]);
set(h2,'MarkerFaceColor','red','Marker','square',...
    'Color',[0 0 0]);
xlabel('x');ylabel('signal');
legend({'Original Signal','Noisy Discretization 1',...
    'Noisy Discretization 2'});
```

결과는 다음과 같다.

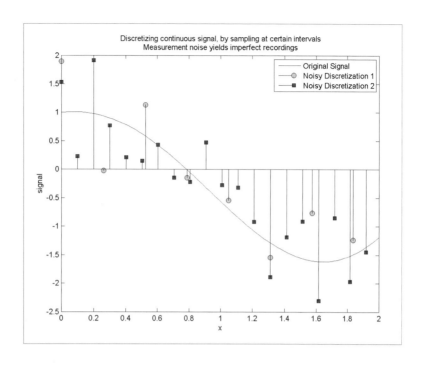

3. 매트랩의 stairs 명령어로 **계단 플롯**을 생성한다. 다음과 같이 다섯 가지의 다른 표본 범주로 5개의 서로 다른 알고리즘을 테스트한 결과를 플롯하기 위해 계단 플롯을 사용한다.

```
% 데이터를 불러오기
load algoResultsData.mat

% 마지막 행을 수평선(오르막 대신)으로 표현하도록 NaN의 행 추가
h = stairs([MethodPerformanceNumbers nan(5,1)]');

legendMatrix = {'Fresh Tissue','FFPE',...
   'Blood','DNA','Simulated'};
for i = 1:5;
   set(h(i),'linewidth',2); % 선을 두껍게
   % 범례 항목에 범주에 대한 total # 표본 추가
   legendMatrix{i} = [legendMatrix{i} ...
      ', Total# = ' num2str(CategoryTotals(i))];
```

```
end
set(gca,'xlim',[0.5 6.5],...
   'XTick',1.5:nosOfMethods+1,...
   'XTickLabel',{'K Means','Fuzzy C Means',...
   'Hierarchical','Maximize Expectation','Dendogram'});

% 주석 추가
title({'Algorithm Test Results with 5 Clustering',...
   ' Algorithms on 5 Source Sample Types'});
legendflex(h,...                       % 플롯 선에 대한 핸들
legendMatrix,...                       % 대응하는 범례 항목
'ref', gcf, ...                        % 어떤 그림창인가
'anchor', {'ne','ne'}, ...             % 범례 상자의 위치
'buffer',[0 0], ...                    % 위치에 관련된 오프셋
'fontsize',8,...                       % 폰트 크기
'xscale',.5);                          % 기호에 대한 배율
rotateXLabels(gca,20);
set(gca,'position',[0.1139    0.1989    0.7750    0.6638]);
```

결과는 다음과 같다.

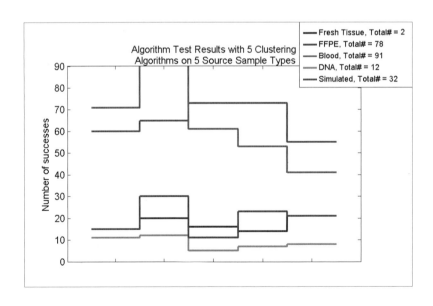

예제 분석

여기서 시연된 세 그래프는 모두 매트랩에서 단일 명령어로 생성됐다.

파이 차트는 다양한 범주의 지출 비용을 보여준다. 파이 차트는 자신의 조각 영역에 있는 정보를 간접적으로 코드화한다. 영역은 인간이 처리하기 어려운 차원이므로, 파이 차트는 가끔씩만 사용돼야 한다.

그다음에는 연속적인 신호를 이산화하는 과정을 보여주는 줄기 플롯을 사용했다. 그림창은 표본화 과정에서 측정 잡음이 어떻게 왜곡을 추가하는지 보여준다. 줄기 플롯은 급수를 물리적인 면에서 조합하기 어려운 곳인 이산 데이터 점을 표시할 때 유용하다.

그런 다음, 다섯 가지 유형의 표본을 대상으로 5개의 서로 다른 군집 알고리즘의 성능을 비교하기 위해 계단 플롯을 사용했다. 계단 플롯은 전형적인 막대 플롯에 굽이 twist를 추가했다. 매우 조밀한 파형인 막대를 시각적으로 덜 산만한 계단 플롯 디자인으로 교체할 수 있다.

이번 예제에서 새로운 플롯 유형 외에는 1장의 '매트랩 그래픽의 요소 사용자 정의 - 기본'에서 소개했던 눈금 레이블 회전(겹침이 없는 긴 눈금 레이블 배치)과 유연한 범례 배치(범례로 혼란 정리) 같은 기능과 사례를 재사용했다.

 예제 통찰
  ▶ 선 차트, 막대 차트, 분산형 플롯, 줄기 플롯과 계단 플롯과 같이 수치 데이터를 표현할 때 위치 좌표를 사용하는 플롯 유형 선택

참고 사항

매트랩 도움말에서 plot, bar, line, scatter, pie, stems, stairs 명령어를 찾아보라.

상자 플롯

상자 플롯box plot(상자 수염 다이어그램box-and-whisker diagram으로도 알려져 있다)은 다섯숫자 요약five-number summary인 최소 관찰값(간단히 말하면 최솟값), 1사분위수(Q1), 중앙값, 3사분위수와 최대 관찰값(간단히 말하면 최댓값)으로 수치 데이터 그룹을 그래픽으로 표현하는 편리한 방법이다. 상자는 Q1과 Q3 사이로 구성되며, 특수 기호는 중앙값을 나타낼 때 사용된다. 수염은 모두 분포 양쪽에 있는 최소 관찰값부터 최대 관찰값까지 늘린다.

상자 플롯은 관찰값을 가리킬 수도 있다고 하더라도 분포의 양 극단에 있는 이상치outlier(전형적으로 사분위수 범위에 1.5배를 곱한 바깥)를 고려해야 한다. 이상치가 보이면 수염은 최소 관찰값과 최대 관찰값을 사분위수 범위의 1.5배 안까지 분포의 양 극단까지 늘린다. 이상치 관찰값은 특수한 기호로 표식된다.

이 책에 수록된 코드 저장소의 일부이자 박스 플롯을 그리는 파라미터를 생성하는 boxplotV 함수를 사용한 후, 이번 예제에 보여줄 상자 플롯을 구성하는 line 계열 명령어를 사용하겠다.

준비

1장의 '겹침 없는 긴 눈금 레이블 배치'에 처음 소개했던, 다양한 암 유형의 유전자 발현 수준 집합이 들어 있는 데이터 집합을 사용한다. 데이터를 불러온다.

```
load 14cancer.mat
```

예제 구현

이번 예제에서는 두 과제를 보여준다. 첫 번째는 상자 플롯을 구축하는 방법이고, 두 번째는 다중 계층 눈금 레이블로 작업하는 방법이다.

다음과 같이 단계별로 수행한다.

1. 데이터의 그룹마다 하나씩 상자 플롯 파라미터를 생성한다. 각 데이터 점의 그룹핑 레이블을 boxplotV 함수의 두 번째 인자인 벡터에 제공한다.

```
data = [Xtrain(:,2798); Xtest(:,2798)];
[lowerQuartile medianv upperQuartile ...
    upperOuter lowerInner outliers] = ...
    boxplotV(data, [ytrainLabels ytestLabels]');
```

2. 그림창은 두 축을 갖는데, 첫 번째는 데이터를 갖고, 두 번째는 다중 계층 눈금 레이블을 갖는다.

```
figure('units','normalized',...
    Position',[0.3563 0.3019 0.6328 0.6028]);
hData = axes('position',[0.0831 0.2000 0.8930 0.7200]);box on;
```

3. 눈금 레이블의 세 계층을 올바른 순서로 정의한다.

```
tier1 = classLabels;
tier2 = {'Upper body','Lower body','Upper body',...
'Lower body','Distributed','Lower body','Distributed',...
'Lower body','Distributed','Lower body','Lower body',...
'Lower body','Distributed','Upper body'};
tier3 = {'low','low','medium','medium','low',...
'low','low','low','medium','low','high','low',...
    'medium','medium'};
[tier1, tier2 tier3, sep2, sep3] = ...
    multiTierLabel(tier1, tier2, tier3);
```

4. 각 상자 플롯인 i를 플롯한다. 여기서 i는 1부터 그룹의 총 개수까지다. 이번 예제에는 14개 암 유형이 있다.

```matlab
% 상자 너비 정의
boxwidth = .5/2;

axes(hData);hold on;
for i = 1:length(tier1)

    % 파란 색인 사분위수 상자를 그리고,
    % 빨간 색인 중앙값 위치를 표식
    line([i-boxwidth i-boxwidth i-boxwidth i+boxwidth; ...
        i+boxwidth i+boxwidth i-boxwidth i+boxwidth;],...
        [lowerQuartile(i) upperQuartile(i) ...
        lowerQuartile(i) upperQuartile(i); ...
        lowerQuartile(i) upperQuartile(i) ...
        upperQuartile(i) lowerQuartile(i);],...
        'Color',[0 0 1]);
    line([i-boxwidth; i+boxwidth;],...
        [medianv(i); medianv(i);],'Color',[1 0 0]);

    % 검은 수염을 그림
        line([i i i-.5*boxwidth i-.5*boxwidth; ...
        i i i+.5*boxwidth i+.5*boxwidth;],...
        [upperQuartile(i) lowerQuartile(i) ...
        lowerInner(i) upperOuter(i); ...
        upperOuter(i) lowerInner(i) ...
        lowerInner(i) upperOuter(i);],...
        'Color',[0 0 0]);

    % 이상치를 빨간 표식으로 그림
    plot(repmat(i,size(outliers(i).mat)),outliers(i).mat, 'r+');
end

% 주석 추가
set(gca,'xticklabel',[],'ticklength',[0 0],...
    'ylim',[1.1*min(data) 1.1*max(data)]);
ylabel('Gene Expression levels', 'fontsize',10);
```

```
title({'Gene expression boxplot for 198 samples',...
    'for a specific gene across 14 cancers'},...
    'fontsize',10);
```

5. 격자선의 위치를 추정한 후, 주요 격자선을 추가한다.

```
% 격자선의 위치 추정
sepLine = unique([sep2 sep3]) +.5;
if sepLine(end)==length(tier1)
    sepLine = sepLine(1:end-1);
end
```

```
% 주요 격자선 추가
line([sepLine; sepLine], ...
    [min(get(gca,'ylim'))*ones(size(sepLine));
    max(get(gca,'ylim'))*ones(size(sepLine))],...
    'Color',[.8 .8 .8]);
```

6. 레이블 전용 두 번째 축을 선언해 준비한 후, 메타 레이블을 추가한다.

```
hLabels = axes('position',[0.0831,.05,0.8930,.15]);box on;
set(hLabels,'ticklength',[0 0],'xticklabel',[],...
    'yticklabel',[],'xlim',get(hData,'xlim'),'ylim',[0 1]);
line(get(gca,'xlim'),[1 1],'Color',[0 0 0]);
line(get(gca,'xlim'),[0 0],'Color',[0 0 0]);
```

```
% 메타 레이블 추가
text(-1,.1,'Fatality','fontsize',12);
text(-1,.43,'Location','fontsize',12);
text(-1,.8,'Cancer','fontsize',12);
```

7. 눈금 레이블의 각 계층에 눈금 레이블을 놓은 후, 수직과 수평 구분 선을 배치한다.

```
% 1계층 레이블 추가
text([1:14]-boxwidth,.8*ones(size(tier1)),...
```

```
  strtrim(tier1),'Fontsize',10);
% 그룹핑 격자선 추가
line([sepLine; sepLine], [.5*ones(size(sepLine)); ...
max(get(gca,'ylim'))*ones(size(sepLine))],
  'Color',[.8 .8 .8]);
% 구분선 추가
line(get(gca,'xlim'),[.6 .6],'Color',[0 0 0]);

% 2계층 레이블 추가
x=[0 sep2 length(tier1)];
x = (x(1:end-1)+ x(2:end))/2;
text(x,.43*ones(length(sep2)+1,1),...
  tier2([sep2 length(tier1)]),'Fontsize',10);
% 그룹핑 격자선 추가
line([sepLine; sepLine], [.3*ones(size(sepLine)); ...
max(get(gca,'ylim'))*ones(size(sepLine))],
  'Color',[.8 .8 .8]);
% 구분선 추가
line(get(gca,'xlim'),[.3 .3],'Color',[0 0 0]);

% 3계층 레이블 추가
x=[0 sep3 length(tier1)];
x = (x(1:end-1)+ x(2:end))/2;
text(x,.1*ones(length(sep3)+1,1),...
  tier3([sep3 length(tier1)]),'Fontsize',10);
% 그룹핑 격자선 추가
line([sep3; sep3]+.5, ...
[min(get(gca,'ylim'))*ones(size(sep3));
  3*ones(size(sep3))],...
  'Color',[.8 .8 .8]);
```

결과는 다음과 같아야 한다.

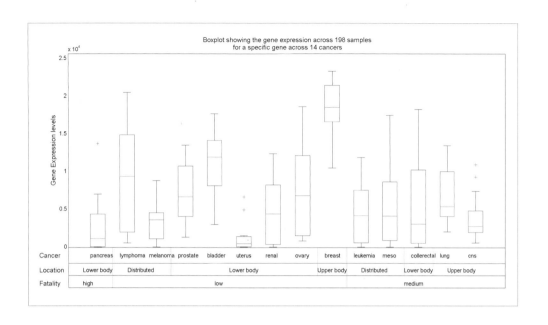

예제 분석

이번 예제는 14개의 암에 걸친 특정 유전자의 발현 수준을 시각화하기 위해 박스 플롯을 사용한다. 백혈병은 확실히 높은 발현 수준을 보여주나, 다른 암 유형의 수 염이 백혈병 데이터와 겹치기 때문에 백혈병을 진단할 때 이 발현 수준을 단독으로 사용할 수 없다.

2단계에서 boxplotV 함수는 상자 플롯을 플로팅하기 위해 데이터의 각 그룹의 상 위와 하위 사분위수, 중앙값, 2장의 소개 부분에서 정의했던 이상치인 하위와 상위 값인 파라미터를 계산했다. 4단계에서는 플롯을 실제로 만들기 위해 보여줬던 line 명령어를 사용했다. 3단계에서 정의했던 데이터 축에 바로 넘겼다.

다중 계층 눈금 레이블multi-tiered tick label을 만들 때 multiTierLabel 함수를 호출하며, 눈금 레이블의 순서를 기본적으로 정렬해 레이블의 가장 바깥쪽 집합으로 정한 후, 각 그룹 내부에서 눈금 레이블의 순서를 정렬해 레이블의 두 번째 집합으로 정한다.

그다음에는 향후 순서에 따른 정렬을 첫 번째 레이블 집합으로 정한다.

7단계에서는 세 가지 눈금 레이블 집합을 사용했고, 세 개의 다른 행에 눈금 레이블을 넣었다. 이것은 3단계에서 선언했던 레이블 축에 직접 넣은 것이다.

multiTireLabel 함수는 눈금 레이블 항목의 세 쌍을 순서대로 지정한다. boxplotV 함수는 데이터 양과 그룹 수가 아무리 많더라도 상자 플롯 파라미터를 생성한다. 자신만의 데이터 집합을 사용자 정의하려면 이번 예제에서 보듯이 실제 플롯과 눈금 레이블 배치를 적용해야 한다.

예제 통찰
▶ 데이터 집합의 분포 요약을 표현할 때 상자 플롯 사용
▶ 긴 눈금 레이블을 사용할 필요 없이 추가 정보를 전달할 때 계층 레이블 사용

참고 사항

매트랩 도움말에서 매트랩 통계해석 툴박스[1]의 일부인 boxplot 명령어를 찾아보라.

꺾은선

꺾은선sparkline은 작은 크기인 데다가 데이터 고밀도인 특성을 갖는 정보 그래픽 유형이다. 데이터의 추세와 변화를 간단하고 간결한 방법으로 표현할 때 사용된다. 에드워드 터프트에 따르면 **꺾은선**은 '단어, 숫자와 영상을 맥락에 넣은, 작지만 고해상도인 그래픽'이다. 일반적인 차트는 가능한 많은 데이터를 보여주도록 설계됐지

---

1 매트랩 통계해석 툴박스(MATLAB Statistics Toolbox[TM])는 데이터를 분석하고 모델링할 수 있는 다양한 함수를 제공한다. 자세한 내용은 매스웍스 사의 통계해석 툴박스를 소개하는 웹페이지 주소인 http://www.mathworks.co.kr/products/statistics/을 참조하자. – 옮긴이

만 텍스트 흐름을 놓치는 반면 꺾은선은 간결하게, 기억에 남도록 해주며, 문제가 되는 곳에 배치된다.

준비

이 책의 데이터 저장소에 일 년에 걸친 일별 주가 이력이 들어 있는, 여러 개 콤마로 구분된 값(.csv) 파일이 딸려 있다. 이번 예제에서는 주가 지수 데이터를 사용하는 데 일 년에 걸친 최고의 움직임을 강조하는 **꺾은선**을 구성할 것이다. 1장의 '첫 매트랩 플롯 만들기'에서 엑셀에 있는 데이터를 가져오는 방법을 이미 배웠다. 벡터마다 주가 지수를 설정한 벡터 데이터의 셀 배열인 dt 변수에 데이터를 입력하기 위해서는 이번 예제(12~21행)나 소스 코드를 참고한다.

그다음에는 데이터를 0과 1 사이로 정규화하여 전처리한다.

```
for i = 1:length(dt)
  % 날짜를 수치 형식으로 변환
  dateD{i} = datenum({dateD{i}{2:end,1}});

  % 범위 내 날짜 찾기
  idx = find(dateD{i} >= rangeMIN & dateD{i} <= rangeMAX);
  dt{i} = dt{i}(idx);

  % 범위 내 데이터 추출
  dateD{i} = dateD{i}(idx);

  % 정규화
  dtn{i} = dt{i}./max(dt{i});
  clear idx
  labels2{i} = num2str(dt{i}(end));
end
```

날짜 표기법을 절대 숫자로 변환하는 새로운 함수인 datenum을 사용한다. 그러면 원하는 시간대 중에서 선택하는 것처럼 수치 연산을 할 수 있게 된다.

예제 구현

다음과 같이 단계별로 수행한다.

1. sparkline 함수를 호출한다.

   ```
   sparkline(dateD,dtn,stocks,labels2);
   ```

2. 다음은 sparkline 함수의 실행 단계다.

   ```
   % 각 꺾은선을 서로 다른 것 옆에 쌓아 올리며,
   % 분리를 위해 임의 단위로 쪼갬
   % 여기서는 unitOfSep=1;임
   unitOfSep=1;

   figure;

   % 테두리 필요 없음
   % 사용 가능한 전체 공간으로 축을 확장
   axes('position',[0 0 1 .9]);hold on;
   endPt = -1; startPt = 1e100;

   for i = 1:length(xdata)

     % 꺾은선을 플롯
     plot(xdata{i}, ydata{i}+ (i-1)*+unitOfSep,'k');

     % 최소 점과 최대 점을 배치하고 빨강과 파랑으로 표식
     maxp{i} = find(ydata{i}==max(ydata{i}));
     minp{i} = find(ydata{i}==min(ydata{i}));
     plot(xdata{i}(maxp{i}),...
       ydata{i}(maxp{i})+ (i-1)*+unitOfSep,...
       'bo','MarkerFaceColor','b');
       plot(xdata{i}(minp{i}),...
       ydata{i}(minp{i})+ (i-1)*+unitOfSep, ...
       'ro','MarkerFaceColor','r');
   ```

```
% 꺾은선의 시작과 끝에 두 레이블을 배치
text(xdata{i}(end), mean(ydata{i})+ (i-1)*+unitOfSep,...
  labels1{i},'HorizontalAlignment','right');
  text(xdata{i}(1), mean(ydata{i})+ (i-1)*+unitOfSep,...
  labels2{i},'HorizontalAlignment','left');

  % 올바른 순서로 시작과 끝을 놓치지 않도록 유지
  % 나중에 x 제한 설정
endPt = max([xdata{i}(1) endPt]);
startPt= min([xdata{i}(end) startPt]);
end

% 제목 설정
text(startPt+2, i*unitOfSep+.7,...
'SparkLines with Stock Prices (1/1/2011 to 12/31/2011)',...
  'fontsize',14);
set(gca,'visible','off',...
  'ylim',[0+unitOfSep/2 i*unitOfSep+unitOfSep/2],...
  'yticklabel',[],...
  'xlim',...
    [startPt-.15*(endPt-startPt) endPt+.15*(endPt-startPt)],...
    'xticklabel',[],...
    'TickLength',[0 0]);
set(gcf,'Color',[1 1 1],'Paperpositionmode','auto');
```

결과는 다음과 같다.

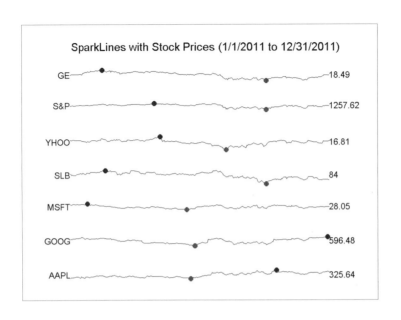

예제 분석

앞의 그림은 2011년 동안 일곱 가지 주식의 일별 가격 동향을 보여준다. 빨간 점과 파란 점 표식은 시간대 내 가장 낮은 값과 가장 높은 값을 나타낸다. 시간대의 끝에 있는 수치 레이블은 대표값의 범위에 대한 대략적인 아이디어를 제공한다. MSFT, GOOG와 AAPL은 2011년 중반을 지나는 시점에서 약간 호전했음을 보여준다.

꺾은선은 데이터를 요약해준다. 정규화는 어떤 실제 축이 모자람에도 불구하고 데이터를 비교할 수 있게 해준다. 물론 실제 값을 갖는 하나의 데이터 점은 상대적인 면에서 데이터를 이해하는 맥락을 제공한다. 꺾은선은 많은 수의 시계열 데이터에 걸쳐 추세를 빠르게 판단할 수 있게 해준다.

sparkline 함수를 x벡터와 대응하는 y값이 들어 있는 두 수치 셀 배열과 함께 호출한다. 또한 두 셀 배열의 문자열을 각 꺾은선의 레이블을 선의 시작에 위치시킨 LABELS1, 각 꺾은선의 레이블을 선의 끝에 위치시킨 LABELS2로 명명한다.

예제 통찰

▶ 많은 수의 시계열 데이터의 빠른 추세 평가를 위해 꺾은선 사용

참고 사항

매트랩 도움말에서 datenum 명령어를 찾아보라.

분할선 그래프

이번 예제는 매트랩의 area 명령어를 이용해 **분할선 그래프**^{stacked line graph}를 만드는 방법을 보여준다. 이 그래픽은 인기 있는 수천 개의 아기 이름을 추적하는 웹사이트인 namevoyager.com에서 영감을 얻었다. 수십 년 동안 인기 있던 15개의 아기 이름을 보여주는데, 오른쪽에 이름이 나타난다. 특정 년도에 나타난 가장 넓은 폭의 파란 선은 가장 인기 있는 남자 아기 이름이고, 가장 넓은 폭의 분홍색 선은 가장 인기 있는 여자 아기 이름이다.

준비

데이터를 불러온다.

```
[ranksoverdecades names] = ...
  xlsread('MockDataNameVoyager.xlsx');
sex = names(2:end,2);
names = names(2:end,1);
years = ranksoverdecades(1,:);
ranksoverdecades = ranksoverdecades(2:end,:)';
```

예제 구현

다음과 같이 단계별로 수행한다.

1. 남자와 여자 이름으로 데이터를 분리한다.

    ```
    % 남자와 여자 이름으로 분리
    males = find(strcmp(sex,'M'));
    fmales = find(strcmp(sex,'F'));
    ymax=max(max(cumsum(ranksoverdecades,2)));
    ```

2. 이름 레이블을 배치할 위치를 만든다.

    ```
    % 이름을 배치할 곳인 y 좌표 생성
    nameLoc = cumsum(ranksoverdecades(end,:));
    nameLoc = [0 nameLoc];
    nameLoc = (nameLoc(1:end-1) + nameLoc(2:end))/2;
    ```

3. 두 y축을 설정한다(하나는 데이터, 다른 하나는 레이블 배치할 곳).

    ```
    % 그림창 설정
    figure('units','normalized','Position',...
        [ 0.3432     0.1472     0.6542     0.7574]);

    % 데이터에 대한 주요 축 생성
    axes('position',[.05,.1,.87,.85],'ylim',[0 ymax],...
        'xlim',[min(years) max(years)],...
        'YAxisLocation','right', 'ytick',nameLoc,...
        'yticklabel',names, 'ticklength',[0.01 0.05],...
        'tickdir','out','fontsize',14);

    % 이름 레이블을 배치할 보조 축 생성
    axes('Position',get(gca,'Position'));
    ```

4. 분할선 그래프를 그린 후, 아기 성별에 따라 색상을 설정한다.

```
% 분할선 그래프 그림
h = area(years,ranksoverdecades);

% 아기 이름의 성별마다 영역 그래프 색상 설정
set(h(males),'FaceColor',[100 149 237]/255)

set(h(fmales),'FaceColor',[255 192 203]/255);
```

5. 윤곽선 색상, x와 y 제한과 주석을 정의한다.

```
% 윤곽선 색상 및 x와 y 제한 고정
set(h,'edgecolor',[.5 .5 .5])
set(gca,'ylim',[0 ymax],'xlim',[min(years) max(years)],...
   'xticklabel',[] ,'fontsize',14);
box on;

% 그래프에 주석 달기
title('Trend in baby names','Fontsize',14);
ylabel('Rank over the years','Fontsize',14);
text(mean(get(gca,'xlim')),-11,'Years','Fontsize',14);
```

결과는 다음과 같다.

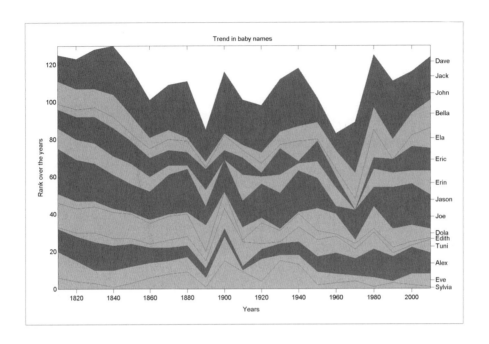

예제 분석

앞의 그림은 수십 년 동안 인기 있던 15개의 아기 이름의 선호 추세를 보여주기 위해 분할선 그래프/영역 그래프를 사용했다. 1800년대에 인기 있었던 벨라와 알렉스 같은 이름이 최근에 다시 인기가 높아졌음을 볼 수 있다.

매트랩은 기본적으로 이런 그래프 유형을 생성하는 단일 명령어인 area를 지원한다. 다른 사용자 정의인 이중 y축, 색상과 눈금 레이블 추가는 이전 예제에서 보여줬던 기본 규칙에 따른다.

영역 그래프는 과도한 플로팅 없이 수많은 그래프를 표현할 수 있게 해준다.

예제 통찰

▶ 과도한 플롯 없이 수많은 선 그래프를 표현할 때 영역 그래프 사용

참고 사항

매트랩 도움말에서 cumsum과 area 명령어를 찾아보라.

노드 링크 플롯

이번 예제에서는 사물의 한 쌍 간 관계를 보여주기 위해 사용되는 **노드 링크 플롯** node link plot이라는 그래픽에 대해 이야기한다. 이런 데이터 유형을 표현할 때 사용 가능한 몇 가지 변종이 있다. 이번 예제는 두 가지 대안을 보여준다.

준비

이 데이터 집합에는 128개 미국 도시 간의 거리와 해당 도시의 좌표 위치가 있다. 플로리다 주립 대학의 과학 컴퓨팅 학과가 관리하는 웹사이트에서 이 데이터를 얻었다. 데이터를 불러온다.

```
[XYCoord] = xlsread('inter_city_distances.xlsx','Sheet3');
[intercitydist citynames] = ...
  xlsread('inter_city_distances.xlsx','Distances');

% 해당 도시에 가장 가까운 도시를 감지하지 말아야 함
howManyCities = 128;
for i =1:howManyCities; intercitydist(i,i)=Inf; end
```

예제 구현

이 예제는 각 도시 위치에 가장 가까운 이웃 도시를 선으로 연결한 그래프를 생성하는 방법을 보여준다.

다음과 같이 단계별로 수행한다.

1. 인접 행렬adjacency matrix을 정의한다.

```
adjacency = zeros(howManyCities,howManyCities);

% 최소 거리를 찾은 후, 각 항목마다 adjacency = 1로 정의
for i = 1:howManyCities
  alls = find(intercitydist(i,:) ==
    min(intercitydist(i,:)));
  for j = 1:length(alls)
    adjacency(i,alls(j)) = 1;
    adjacency(alls(j),i) = 1;
  end
  clear alls
end
```

2. 도시 좌표를 표식과 함께 플롯한다. 매트랩 명령어인 gplot을 이용해 인접 행렬에 정의된 연결을 덮어 씌운다.

```
plot(XYCoord(1:howManyCities,1),XYCoord(1:howManyCities,2),...
  'ro');hold on;
gplot(adjacency, XYCoord);
```

3. 주석을 추가한다.

```
title('Closest cities connected to each other');
xlabel('Longitudes');ylabel('Latitudes');
```

결과는 다음과 같아야 한다.

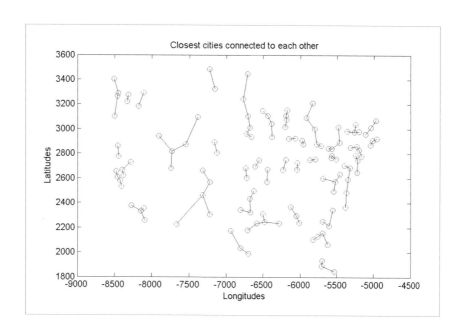

예제 분석

이 그림창은 가장 가까운 이웃 도시를 연결한 128개의 미국 도시를 보여준다. 이 예제는 n×n 크기의 n 꼭지점을 갖는 행렬, 즉 꼭지점을 연결했다면 i, j = 1이고, 아니라면 i, j = 0인 인접 행렬을 정의하는 방법을 보여준다. gplot 함수는 사용자가 정의 가능한 선으로 연결하는 모든 노드를 생성하기 위해 노드의 좌표 위치를 제공하는 두 번째 인자와 함께 인접 행렬 정의를 사용한다.

부연 설명

이 노드 링크 플롯의 변종은 x축이 모든 노드를 한 줄에 담고, 그것들을 호로 연결해 노드 쌍 간의 관계를 보여주는 플롯을 생성한다. 이번 예제에서는 서로 100마일 안에 있는 도시를 보여주기 위해 설계한 이 변종을 사용한다.

다음과 같이 단계별로 수행한다.

1. intercitydist 행렬의 첫 번째 행인 항목을 정렬한 후, 같은 순서인 도시 이름 목록을 정렬한다. 도시 간의 거리에 따라 도시를 완벽하게 정렬했다고 보장할 수 없지만, 도시가 근처에 서로 가까이 있도록 했고, 이 순서는 노드를 연결한 호를 넣을 때 시각적으로 더 깔끔하게 보이는 결과를 궁극적으로 가져왔다. 새로 정렬했기 때문에 도시 간의 거리를 다시 계산해야 한다.

```
% 도시 거리 자체를 0으로 초기화
for i = 1:howManyCities;
  intercitydist(i,i) = 0;
end

% 도시 간의 거리로 도시 이름을 재배열,
% 정렬하기 위해 임의 한 도시에 대한 거리를 사용한 후,
% 아주 가까운 도시를 함께 넣음
[balh I] = sort(intercitydist(1,:));
citynames = citynames(I);
XYCoord = XYCoord(I,:);

% 도시 간의 거리 행렬 재계산
for i = 1:howManyCities;
  for j = 1:howManyCities
    if i==j
      intercitydist(i,i) = Inf;
    else
    intercitydist(i,j) = ...
      sqrt((XYCoord(i,1)-XYCoord(j,1))^2 + ...
        (XYCoord(i,2)-XYCoord(j,2))^2);
    end
  end
end
```

2. 이 문제에 대한 인접 행렬을 정의한다.

```
adjacency = zeros(howManyCities,howManyCities);
for i = 1:howManyCities
  alls = find(intercitydist(i,:)<100);
  for j = 1:length(alls)
    adjacency(i,alls(j)) = 1;
    adjacency(alls(j),i) = 1;
  end
  clear alls
end
```

3. 그림창과 축 배치를 정의한다.

```
% 그림창과 축 배치
figure('units','normalized','position',...
  [0.0844     0.2259     0.8839     0.4324]);
axes('Position',[0.0371     0.2893     0.9501     0.6296]);
xlim([1 howManyCities]);
ylim([0 100]);
hold on;
```

4. x축 위에 도시 이름을 넣는다. x 눈금 레이블을 90도로 회전시킨다. 낮은 회전 각도 때문에 도시 이름 목록이 수용하기에 너무 길 수 있다.

```
set(gca,'xtick',1:howManyCities,'xticklabel',citynames,...
  'ticklength',[0.001 0]);
box on;
rotateXLabels(gca,90);
```

5. 인접 행렬마다 연결한 호를 그린다. 도시 간의 거리에 따라 호의 굵기와 색상이 달라진다. 다른 도시에 비해 더 가까운 도시에 초점을 맞추고자 할 때 도움이 된다.

```
m = colormap(pink(howManyCities+1));
cmin = min(min(intercitydist));
cmax = 150;

% 호를 플롯
for i = 1:howManyCities
  for j = 1:howManyCities
    if adjacency(i,j)==1

% 호를 따라 포물선을 그림
      x=[i (i+j)/2 j];
      y=[0 intercitydist(i,j) 0];
      pol_camp=polyval(polyfit(x,y,2),linspace(i,j,25));
      plot(linspace(i,j,25),pol_camp,...
      'Color',m(fix((intercitydist(i,j)-cmin)/...
      (cmax-cmin)*howManyCities)+1,:),...
      'linewidth',100/intercitydist(i,j));
    end
  end
end
```

6. 주석을 추가한다.

```
title('Cities within 100 miles of each other, by road',...
  'fontsize',14);
ylabel('Intercity Distance');

% 읽기 쉬운 수평 격자선 추가
line(repmat(get(gca,'xlim'),9,1)',...
  [linspace(10,90,9); linspace(10,90,9)],'Color', [.8 .8 .8]);

% 이런 경우 옮겼으므로 축 위치를 재배치
set(gca,'Position',[0.0371 0.2893 0.9501 0.6296]);
ylim([0 max(get(gca,'ylim'))]);
```

결과는 다음과 같다.

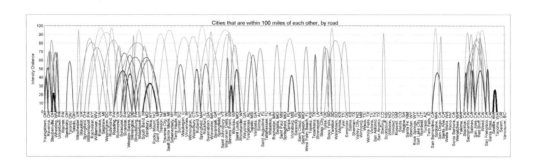

도시 간의 거리 값에 대응하는 호 색상을 어떻게 추출했을까? 여기서는 데이터를 매트랩 내 색상 맵의 색상으로 변환하는 방법이 있다.

1장의 '매트랩 그래픽의 요소 사용자 정의 - 기본'에 소개했던 색상 맵은 근본적으로 RGB 값이 들어 있는 색상 스케일color scale이다. 색상을 사용하는 플롯 함수를 호출하면, 매트랩이 기본 색상 맵으로 정의된 색상 스케일을 그 데이터 집합의 두 극단 값 사이에 선형적으로 매핑한다. 사용할 색상 맵을 직접 정의할 수 있다. 이번 경우는 5단계에서 적어도 `colormap(pink(howManyCities+1))`으로 도시 수만큼 뚜렷한 수준으로 정의된 색상 맵을 추출했다. 여기서 pink는 매트랩에서 제공하는 내장 색상 스케일 중 하나다.[2]

이제 행 구분 개수인 L을 갖는 색상 맵을 가졌다. 도시 간의 거리인 V 값에 대응하는 색상을 추출하는 방법은 공식 `fix(V-cmin)/(cmax-cmin)*L)+1`을 사용하며, 여기서 cmax와 cmin은 색상 맵 내 두 극단 색상에 매핑하길 원하는 두 극단 데이터 값이다. cmax를 150으로(높은 도시 간의 거리 값을 너무 밝은 음영으로 그리지 않도록 확실히 해두기 위해 100마일보다 약간 크게 설정했다), cmin은 데이터 집합의 도시 간의 최소 거리로 한다.

---

2 매트랩의 colormap(pink)을 호출하면 그래픽에 사용되는 기본 색상 맵을 파스텔 톤의 분홍색 색상 맵으로 설정한다. – 옮긴이

참고 사항

수평 x축을 사용하는 대신, 원형 형식(바깥으로 방사하는 레이블과 함께)에 노드를 배치하고, 연결을 이 원의 현으로 나타내는 설계 변종이 존재함을 참고하자.

노드 링크 플롯과 관련된 유형으로 **트리 플롯**이 있는데, 노드 간의 부모 자식 관계 구조를 나타낸다. 매트랩은 트리 플롯을 만드는 단일 명령어를 지원한다.

매트랩 도움말에서 gplot과 treeplot 명령어를 찾아보라.

달력 열지도

이 시각화는 매일 달력에 기록될 수 있는 시계열 데이터 유형을 나타내기 위한 방법이다. 예로 2010년과 2011년의 구글 주식 일별 종가를 6×4인 월간 달력에 열지도hit map로 표현할 수 있다.

준비

2010년 1월과 2011년 12월 사이의 구글 주식 일별 가격을 불러와 오름차순으로 정렬한다. 기록이 없는 날짜에는 NaN 값이 기록된다. 실행하기 위한 정확한 명령어에 대해서는 이번 예제(12~36행)의 코드를 참고하자.

예제 구현

다음과 같이 단계별로 수행한다.

1. 1장의 '다중 그래프 배치'에서처럼 4×6 배치의 축 위치를 계산할 수 있다. 이 예제에 사용하는 파라미터는 2년치인 6×4 데이터 형식에 적합하다.

```
figure('units','normalized',...
    'Position',[ 0.3380 0.0889 0.6406 0.8157]);
colormap('cool');
xs = [0.03 .03+.005*1+1*.1525 0.03+.005*2+2*.1525 ...
    0.03+.005*3+3*.1525 0.03+.005*4+4*.1525...
    0.03+.005*5+5*.1525];
ys = [0.14 .14+0.04*1+1*.165 .14+0.04*2+2*.165 ...
    .14+0.04*3+3*.165];
```

월 제목을 생성하려면 모든 월의 지시점을 증가시켜야 한다. 46~55행을 실행해 매월마다 며칠을 계산해야 하는지 추정한다. 특정 월의 날짜 목록을 간단히 예상할 수 있다.

2. 매월의 날짜를 추출해 격자선과 날짜 레이블을 달력에 배치한 후, 실제 데이터로 열지도를 플롯해야 한다. 여기서 (i, j)는 년도와 월, 두 가지를 가리킨다. 예로 Dcnt=0, i = 1, j = 1이면 2010년 1월을 나타낸다. 다음과 같이 진행한다.

```
% 화면에 월별 달력 배정
axes('Position',[xs(j) ys(i) .1525 0.165]);

% 세그먼트에 속한 날짜를 newDatedate에서 찾음
idx = find(newDateData >= ...
    datenum([datestr(newDateData(1)+Dcnt,'mm') '/01/'...
    datestr(newDateData(1)+Dcnt,'yyyy')]) & ...
    newDateData <= ...
      datenum([datestr(newDateData(1)+Dcnt,'mm') '/31/'...
```

```matlab
        datestr(newDateData(1)+Dcnt,'yyyy')]));

% 세그먼트의 달력 항목을 찾음
A = calendar(newDateData(1)+Dcnt);

% 달력 형식을 이용해 날짜에 대응하는 데이터를 꺼냄
data = NaN(size(A));
for k = 1:max(max(A))
  [xx yy] = find(A==k);
  data(xx,yy) = newData(idx(k));
end

% 일부 색상을 탈색해 약간 투명한 열지도를 만든 후
% 날짜 레이블 추가(해당 달에 속하지 않는 날짜는 공백으로 함)
imagesc(data); alpha(.4);hold on;
set(gca,'fontweight','bold');
xlim([.5 7.5]); ylim([0 6.5]);
for m = 1:6
  for n= 1:7
    if A(m,n)~=0
      text(n,m,num2str(A(m,n)));
    end
  end
end

% 주석 추가
text(.75,.25,'S','fontweight','bold'); text(1.75,.25,'M','fontweig
ht','bold');
text(2.75,.25,'T','fontweight','bold');
text(3.75,.25,'W','fontweight','bold');
text(4.75,.25,'R','fontweight','bold');
text(5.75,.25,'F','fontweight','bold');
text(6.75,.25,'S','fontweight','bold');

title([datestr(newDateData(1)+Dcnt,'mmm') ...
```

108

```
    datestr(newDateData(1)+Dcnt,'yy')]);
set(gca,'xticklabel',[],'yticklabel',[], 'ticklength',[0 0]);
line([-.5:7.5; -.5:7.5], [zeros(1,9); 6.5*ones(1,9)],...
    'Color',[.8 .8 .8]);
line([zeros(1,9); 7.5*ones(1,9)],[-.5:7.5; -.5:7.5],...
    'Color',[.8 .8 .8]);
box on;

% 해당 월의 예상되는 # 날짜로 날짜 계수 증가
Dcnt=Dcnt+D(i,j);
```

결과는 다음과 같다.

예제 분석

달력에 데이터를 직접 배치하면 데이터를 기록한 날짜와 데이터 자체 간의 강력한 관계가 만들어진다. 데이터 내용과 시간대가 연계된 시각화 유형에서는 이런 일별 기록이 설계적으로 매우 강점을 가진다. 데이터 내 추세를 특정 이벤트나 연별, 계절별, 월별로 발생하는 몇 가지 현상과 연계하기 쉽다.

부연 설명

최종 단계에서 색상 범례와 전체 제목을 그래픽에 추가한다.

```
colorbar('Location','SouthOutside','Position',...
  [ 0.1227 0.0613 0.7750 0.0263]);alpha(.4);

annotation('textbox',[0.1800 0.9354 0.8366 0.0571],...
  'String','Daily records of GOOGLE Stock Price from ...
  Jan 2010 to Dec 2011, directly overlaid on a calendar',...
  'LineStyle','none','Fontsize',14);
```

 예제 통찰

▶ 일별 수치 기록을 표현할 때 달력 열지도 사용

참고 사항

매트랩 도움말에서 colorbar, alpha, imagesec, calendar 명령어를 찾아보라.

분산 데이터 분석

이번 예제에서는 1차원 데이터 집합의 경험적 분포를 조사할 때 사용되는 몇 가지 일반적인 1차 시각화를 보여준다.

준비

distriAnalysisData.mat을 불러온다.

```
load distriAnalysisData;
```

예제 구현

다음과 같이 단계별로 수행한다.

1. 정렬된 분산형 플롯scatter plot과 히스토그램histogram을 본다.

```
subplot(1,2,1);
plot(sort(B),'.');
xlabel('series');ylabel('observations');
title('1D scatter plot');
subplot(1,2,2);
hist(B);
xlabel('bins');ylabel('frequency of observations');
title('Histogram');
```

결과는 다음과 같다.

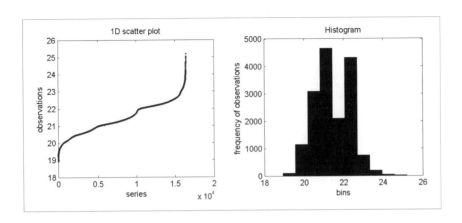

2. 히스토그램의 대안인 **빈 크기**를 시도해보자.

```
hist(B,200);
title('Alternate binning, bin size = 200');
```

결과는 다음과 같다.

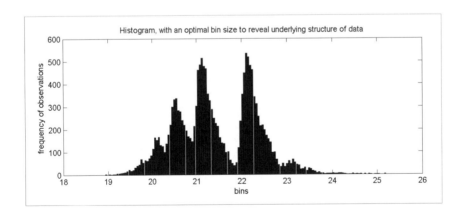

3. 데이터 집합에 대해 확률 밀도 함수를 추정할 수 있는 히스토그램의 **포락
선**envelope을 플롯한다.

```
% nbins = 200으로 히스토그램 재계산
[N c] = hist(B,200);

% 스플라인 맞춤(spline fit)으로 포락선 계산
env = interp1(c,N,c,'spline');

% x축에 실제 데이터로 정규화 포락선을 플롯
bar(c,N./max(N));hold;
plot(c,env./max(env),'r','Linewidth',2);

% 주석 추가
xlabel('bins');
ylabel({'normalized envelope',...
    'of histogram with bin size =200'});
```

결과는 다음과 같다.

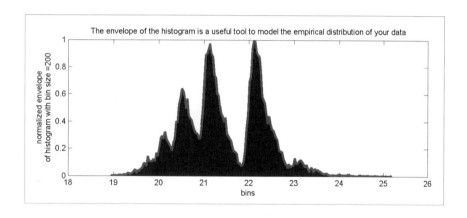

예제 분석

이번 예제에서 빈 크기를 점 개수의 제곱근으로 선정한다. 사람들이 추천하는 다른 대안이 있다. 빈 크기는 히스토그램의 모양에 영향을 준다. 빈 크기를 잘 선택하는 것은 데이터의 기본 구조를 이해할 때 필수적이다. 보통 빈 크기의 하한을 결정할 때

남아 있는 비어 있는 내부 빈을 사용한다. 빈 크기 상한을 결정할 때 히스토그램 프로파일의 매끄러운 모양(사각형으로 끝나는 것에 대비해)을 사용한다.

히스토그램의 포락선은 데이터의 경험적 분포를 모델링하는 유용한 도구다.

부연 설명

만약에 두 데이터 집합이 같은 분포를 갖는지 혹은 데이터가 정규분포와 같이 알려진 분포에 있다고 가정할 수 있는지 자주 확인하면 좋다. 후자인 경우 데이터 집합이 정규분포(또는 다른 알려진 분포)라고 가정할 수 있다면 다양한 수학을 직접 적용할 수 있다는 장점이 있다.

두 데이터 집합이 같은 분포를 갖는지 테스트하는 시각적인 방법 중의 하나는 두 분포의 분위수를 서로 플롯하는 분위수-분위수 플롯quantile-quantile plot을 사용한다. 여기서는 표준정규분포의 분위수로 데이터를 비교했다.

만약 모두 같은 분포라면 플롯이 선형에 가까움을 예상할 수 있다.

매트랩 통계해석 툴박스의 일부이자 매트랩 함수인 qqplot은 이 절에서 이런 분위수-분위수 플롯을 표시하며, 현재 데이터 집합의 표본 분위수를 정규분포의 이론적 분위수와 비교할 때 사용된다.

```
qqplot(B);
```

결과는 다음과 같다.

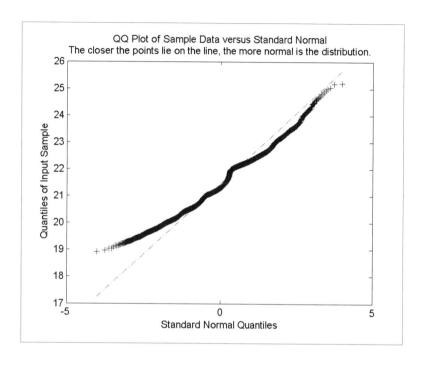

최종 단계에서는 히스토그램 프로파일을 정규분포 혼합에 맞춘다. 모델이 프로파일에 얼마나 잘 맞는지 평가하는 **잔차**residual를 그래프로 측정한다. 행렬인 sigma_ampl 과 mu에 평균, 표준편차와 6개의 정규분포의 기여 계수가 담겨 있다. 모델로부터 데이터를 생성하는 부분을 다음과 같이 추가한다.

```
sigma_ampl = [79.26 8.12 5 6.25 5.06 11.11 577.45 ...
  531.38 962.45 1800 1800 357.92];
mu=[29 38 51 70 103 133];

% 가우시안 혼합 모델(Gaussian mixture model)
f_sum=0;x=1:200;
for i=1:6
  f_sum=f_sum+sigma_ampl(i+6)./...
  (sigma_ampl(i)).*exp(-(x-mu(i)).^2./(2*sigma_ampl(i).^2));
end
subplot(2,1,1);
```

```
h(1)=plot(c,env,'Linewidth',1.5);hold on;

h(2)=plot(c,f_sum,'r','Linewidth',1.5); axis tight

legendflex(h,{'Histogram Profile',...

   'Gaussian Mixture Model'},'ref',gcf,...

   'anchor',{'ne','ne'},'xscale',.5,'buffer',[-50 -50]);

title('Overlay histogram profile with the Gaussian mixture model');

subplot(2,1,2);

plot(c,env-f_sum,'.');axis tight;

title(['Residuals = signal - fit, Mean Squared Error = ' ...

   num2str(sqrt(sum(abs(env-f_sum).^2)))]);
```

결과는 다음과 같다.

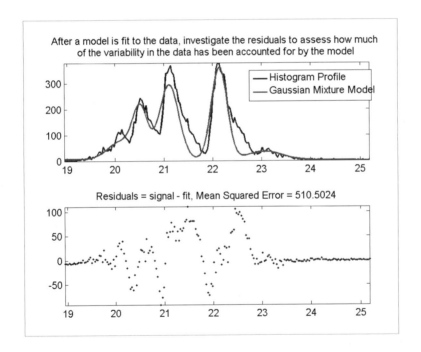

예제 통찰

▶ 데이터를 조사할 때 적당한 빈 크기를 갖는 히스토그램 사용

▶ 데이터의 정규성을 조사할 때 분위수–분위수 플롯(QQ plot) 사용

▶ 적합도(goodness of fit)를 평가하기 위해 데이터를 모델에 맞춘 후 잔차 조사

참고 사항

매트랩 도움말에서 hist, qqplot, interp1 명령어를 찾아보라.

시계열 분석

시계열^{time series}은 보통 시간이 지남에 따라 일정한 간격으로 기록된 데이터 점 집합이다. 시계열과 다른 1차원 데이터를 구별하는 중요한 사실은 데이터의 자연스러운 시간적 순서를 표현하는 특징에 있다. 이번 예제에서는 사람의 심장 박동 수를 분석해 찾은 것을 시각화한다.

준비

이번 예제에서는 두 피험자에게 0.5초 간격으로 (분당 비트 단위인) 순간 심장 박동 수를 일정한 간격으로 측정한 데이터가 들어간 두 시계열을 이용한다. MIT(골드버거 ^{GoldBerger}와 모르디^{Mordy})가 관리하는 ECG 웹사이트에서 데이터를 내려받았다.

다음과 같이 데이터를 불러온다.

```
load timeseriesAnalysis;
```

예제 구현

다음과 같이 단계별로 수행한다(여기서 한 시계열에 대한 코드를 보여준다. 다른 시계열도
비슷하게 적용한다).

1. 데이터를 플롯한다.

```
subplot(2,1,1);
plot(x,ydata1);
title('Instantaneous heart rate, recorded at 0.5 seconds interval,
from subject 1');
xlabel('Time (in seconds)');
ylabel('Heart rate (beats per minute)');
```

결과는 다음과 같다.

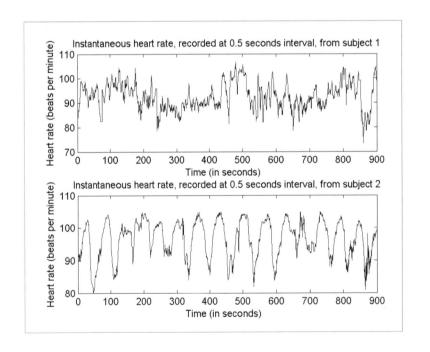

2. **선형 추세를 제거한다**^{de-trend}(데이터에서 최적의 직선 맞춤을 제거함).

```
y_detrended1 = detrend(ydata1);
plot(x, ydata1,'-',x, ydata1-y_detrended1,'r');
title('Detrended Signal 1');
legend({'signal','trend'});
xlabel('Time (in seconds)');
ylabel('Heart rate (beats per minute)');
```

결과는 다음과 같다.

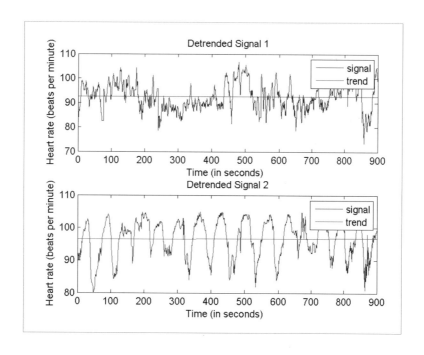

3. **상관도표**^{correlogram}로도 알려져 있는 **자기 상관 함수**^{auto correlation function}를 계산한다.

```
y_autoCorr1 = acf(subplot(2,1,1),ydata1,100);

% 주석
```

```
set(get(gca,'title'),'String',...
  'Autocorrelation function for Heart Rate data, subject 1');
set(get(gca,'xlabel'),'String','Lag (in seconds)');
tt = get(gca,'xtick');
for i = 1:length(tt);
  ttc{i} = sprintf('%.2f ',0.5*tt(i));
end
set(gca,'xticklabel',ttc);
```

결과는 다음과 같다.

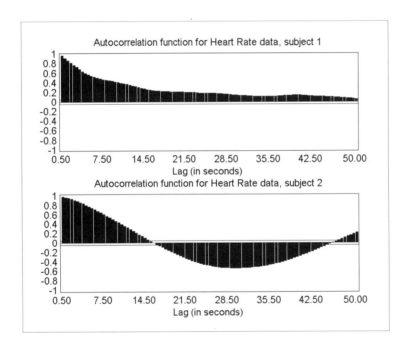

4. 주파수 영역 내 신호를 조사하기 위해 **푸리에 변환**Fourier transform을 수행한다. 신호의 **파워 스펙트럼**power spectrum을 플롯한다(파워 플롯 대 주파수 플롯).

```
% fft를 계산하기 위해 2의 다음 승이 length(x)보다 크거나 같을 때 사용
nfft = 2^(nextpow2(length(x)));
```

120

```
% fft을 취한 후, 영삽입으로 0을 채움
ySpectrum1 = fft(y_detrended1,nfft);
NumUniquePts = ceil((nfft+1)/2);

% FFT는 대칭적이므로, 두 번째 절반을 버리고 계수의 진폭만 사용
powerSpectrum1 = abs(ySpectrum1(1:NumUniquePts));

% fft 스케일링
powerSpectrum1 = powerSpectrum1./max(powerSpectrum1);

% 파워 스펙트럼 계산, 총 에너지 유지
powerSpectrum1 = powerSpectrum1.^2;

% nfft가 홀수이면 나이퀴스트 점 제외
if rem(nfft, 2)
  powerSpectrum1(2:end) = powerSpectrum1(2:end)*2;
else
  powerSpectrum1(2:end -1) = powerSpectrum1(2:end -1)*2;
end

% 주파수 표본화
Fs = 1/(x(2)-x(1));
f = (0:NumUniquePts-1)*Fs/nfft;

% 플로팅
plot(f,powerSpectrum1,'-');
```

결과는 다음과 같다.

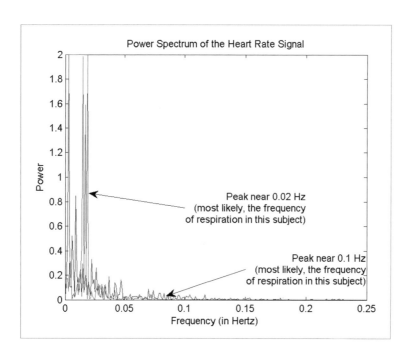

Power Spectrum of the Heart Rate Signal

Peak near 0.02 Hz
(most likely, the frequency
of respiration in this subject)

Peak near 0.1 Hz
(most likely, the frequency
of respiration in this subject)

5. 덜 중요한 푸리에 계수(보통 높은 주파수에 해당하며, 신호에 잡음이 나타나는 신호임)를 0으로 설정해 **전역 스무딩**global smoothing을 계산한다.

```
% 영삽입을 사용하지 않음
ySpectrum1 = fft(ydata1);

% 덜 중요한 계수를 0으로 설정
freqInd1=find(abs(ySpectrum1)<400);
ySpectrum1(freqInd1)=0;

% 신호 재구성
y_cyclic1=ifft(ySpectrum1);

% 플로팅
h(1)= plot(x,ydata1,'b');hold on;
h(2)=plot(x,y_cyclic1,'r','linewidth',1.5);
title('Smoothed Heart Rate Signal 1');axis tight;
```

```
xlabel('Time (in secoonds)');
ylabel('Heart rate (beats per minute)');
```

결과는 다음과 같다.

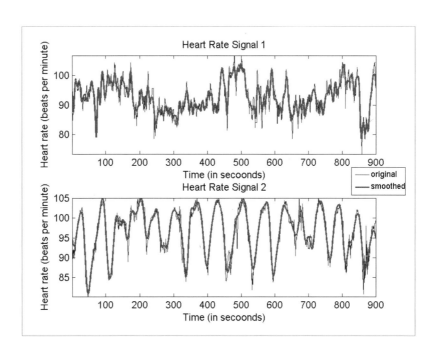

예제 분석

시계열 데이터 분석은 복잡하면서 성숙한 분야다. 이번 예제에서 이런 데이터 유형을 다루는 특별한 방법을 보여주려고 작은 스냅샷을 제시했다.

선 차트는 시계열 데이터를 표현하는 매우 흔한 방법이다.

시간 영역과 주파수 영역에서 시계열을 조사할 수 있다. 시간 영역에서 자기상관 함수 같은 기술로 시간 사이의 시간 구분 함수인 관찰 간의 유사도를 드러낸다. 주파수 영역에서 스펙트럼 특성을 조사할 때 푸리에 변환 같은 기술을 사용한다.

이번 예제에서 수행한 분석에서는 선형 추세를 제거하는 단계에서는 상당한 효과를 보여주지 않았다(아마도 데이터는 이미 고른 상태인 데다가 제거됐을 수도 있는 중요한 추세가 없었기 때문이다).

자기 상관 함수로 두 신호에 있는 서열 차이점을 구분했음을 보여줬고, 데이터는 결코 무작위가 아니므로 0이 아닌 상관계수를 명확히 확립했다. 이번 예제에서는 자기상관 함수를 계산하기 위해 캘빈 프리스^{Calvin Price}가 매트랩 파일 익스체인지에 투고한 것을 이용했다.

0.1 Hz 근방의 피크로 인해 파워 스펙트럼의 계열 1에서 보이는 빠른 진동에 영향을 끼쳤다. 심장 박동 변이도 성분은 아마도 호흡성 동성 부정맥인데, 이는 어린 피험자에게 자주 발생하는 불규칙적인 심장 박동 수 조율 현상으로 나이가 들면서 점차 사라진다. 반면에 계열 2의 거의 모든 파워가 매우 낮은 주파수(약 0.02 Hz)에 집중됐다. 이런 역학 관계는 울혈심부전증 맥락에서 관찰되므로, 혈액 내 이산화탄소와 산소를 통제해 혈액순환 지연을 방해해 심장 박동 수를 느린 진동으로 유도한다.

끝으로 신호에 대한 전역 스무딩을 보여줬는데, 덜 중요한 푸리에 계수를 0으로 설정해 계산한다. 이번 경우에는 고주파수 성분이 덜 중요한 푸리에 계수였으므로 신호 내 고주파수 잡음을 줄이는 효과를 얻도록 처리한다.

예제 통찰

▶ 시계열 데이터를 표현할 때 선 차트 사용

▶ 데이터 집합에 무작위성이 있는지 검사할 때 상관도 사용

▶ 데이터 집합의 스펙트럼 특성을 조사할 때 푸리에 변환 사용

참고 사항

매트랩 도움말에서 `acf`, `fft`, `ifft` 명령어를 찾아보라.

3

2차원 데이터
표시 마무리

이 장에서 다루는 내용

- 2D 분산형 플롯
- 분산형 플롯 스무딩
- 양방향 오차 막대
- 2D 노드 링크 플롯
- 계통도와 군집도
- 등고선 플롯
- 분산형 데이터 격자화
- 단계구분도
- 기호가 있는 주제도
- 유선도

소개

3장은 2차원 데이터 표시에 중점을 둔다. 2차원 데이터 시각화를 위해 가장 많이 쓰이는 차트 유형은 분산형 플롯과 열지도다. 2장의 '1차원 데이터 표시에 뛰어들기'에서 다룬 분산형 플롯은 수치 데이터를 보여주는 위치 좌표를 이용한 시각화 모범 사례다. 열지도는 수치 데이터를 코드화하는 색상을 사용한다. 열지도는 일반적으로 값 순서 의미를 잘 전달하는 순차적인 색상 스케일을 사용하며, 공간적인 패턴을 나타내기도 한다. 3장에서 다루겠지만, 매트랩은 외곽선 지도, 계통도와 유선도 같은 2D 데이터를 위한 다양한 부가 차트 기능을 지원한다. 또한 여러 예제에서 지도에 있는 지리 특정 데이터를 플롯하는 방법을 보여준다.

매트랩의 다차원 데이터 시각화를 위한 핵심 기술을 다음 절에서 간략하게 다룬다.

표면, 패치, 음영

매트랩은 기본 평면 구성 블록인 **표면**surface과 **패치**patch 요소를 사용한다. 표면 객체는 사각형이고 평면 지형 표시 안성맞춤이다. 패치 객체는 다각형이며, 3D 모델링에 적합하도록 맞춰져 있다. 이런 객체는 데이터와 함께 균등 격자 위에서 작동한다. 격자 요소의 면 색상을 해당 객체를 대표하는 값으로 결정한다. 먼저 매트랩은 데이터 값을 색상 맵으로(색상 맵의 두 극단 색상은 행렬의 최고값과 최저값에 대응한다) 선형 매핑하는 방법으로 행렬의 데이터 값을 색상 값으로 변환한다. 음영shading 알고리즘에 따라 음영 유형인 **보간**처럼 격자의 정점에서 격자 요소의 면 색상을 해석한다(격자 요소 안에 있는 색상은 국부 좌표의 양선형 역할을 맡는다). 상호적으로 음영 유형인 **평탄면**flat이나 **깎인면**faceted처럼 색상은 격자 요소와 관련 있는 상수다. pcolor 명령어는 깎인면 음영과 비격자선이 함께 있는 표면 객체다. 또 다른 옵션은 와이어프레임wireframe이나 **메시**mesh를 사용한다(다만 둘 다 여전히 와이어프레임을 재현하기 위해 면 색상을 배경 색상으로 설정한 표면 객체 플롯이다).

2D 분산형 플롯

2차원 **분산형 플롯**scatter plot은 쌍으로 플롯된 값이며, 다른 플롯과 대비된다. 이번 예제에서는 분산형 플롯 시각화를 만들 때 사용하는 다양한 기술을 살펴본다.

준비

피셔Fisher가 1936년에 낸 고전 논문에서 처음 보고됐으며 패턴 인식 문헌에 있는 유명한 데이터 집합을 사용한다. 붓꽃 데이터 집합에 붓꽃 식물의 네 가지 속성(꽃받침 길이, 꽃받침 너비, 꽃잎 길이, 꽃잎 폭)이 들어 있다. 이 데이터는 광범위하게 사용될 수 있으며, 또한 이 책의 코드 저장소에도 포함되어 있다.

```
[attribclassName] = xlsread('iris.xlsx');
```

예제 구현

다음과 같이 단계별로 수행한다.

1. scatter 명령어를 이용해 기본 분산형 플롯을 만든다. 주석을 생성하기 위해 이번 예제 소스 코드의 16~21행을 실행한다.

   ```
   scatter(attrib(:,1),attrib(:,2),10*attrib(:,3),...
       [1 0 0],'filled','Marker','^');
   ```

   결과는 다음과 같다.

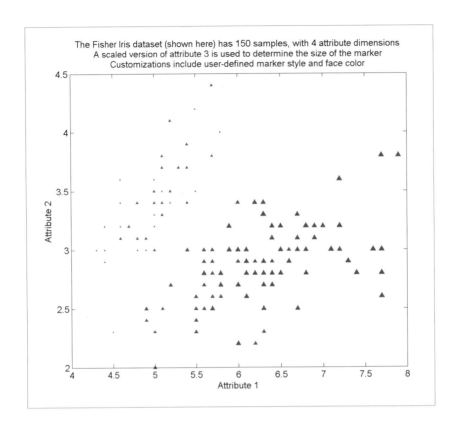

The Fisher Iris dataset (shown here) has 150 samples, with 4 attribute dimensions
A scaled version of attribute 3 is used to determine the size of the marker
Customizations include user-defined marker style and face color

2. `plotmatrix` 명령어를 이용해 **분산형 플롯 행렬**을 만든다. 격자 형식으로 속성의 모든 쌍과 각 속성의 히스토그램에 대한 분산형 플롯을 제공한다.

```
[H,AX,BigAx,P] = plotmatrix(attrib,'r.');
```

3. 그림창에 주석을 추가하기 위해 호출했던 `plotmatrix`의 결과 벡터를 사용할 수 있으며, 이번 예제 소스 코드의 33~40행에서 볼 수 있다. 예로 다음과 같다.

```
for i = 1:4
  set(get(AX(i,1),'ylabel'),'string',...
  ['Attribute ' num2str(i)]);
  set(get(AX(4,i),'xlabel'),'string',...
```

```
        ['Attribute ' num2str(i)]);
    end
```

결과는 다음과 같다.

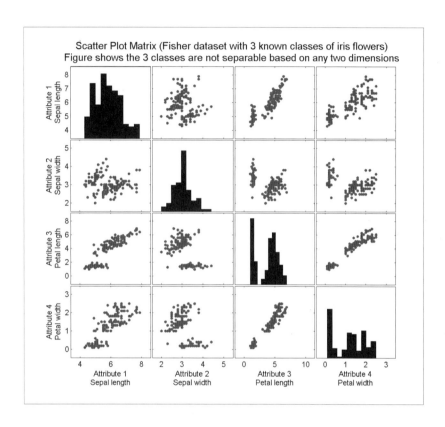

4. (이 책에서 제공하는) scatterHistV 함수를 이용해 2D 분산형 플롯을 살펴보
는 동시에 1차원인 x과 y값 분포를 검토한다.

```
[mainDataAxesxhistAxesyhistAxes] = ...
    scatterHistV(attrib(:,2),attrib(:,3),50, 50);
```

5. 이번 예제 소스 코드의 47~49행에서 보여준 함수가 반환하는 핸들을 사
용해 주석을 추가한다.

```
set(get(mainDataAxes,'title'),'String',...
  ['Scatter plot view alongside distribution'...
  ' of x and y'],'Fontsize',14);
```

결과는 다음과 같다.

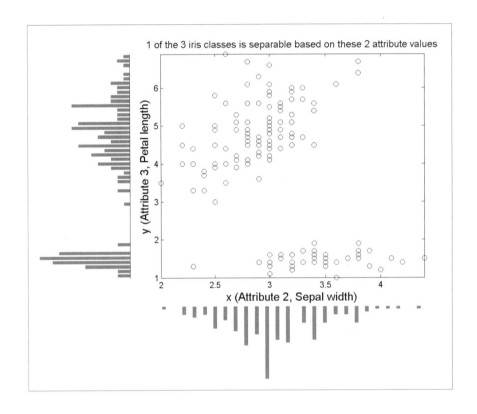

예제 분석

이번 예제에서 2D 분산형 플롯, 분산형 플롯을 만든 후, 두 데이터 차원의 일변량 분포와 분산형 플롯을 동시에 살펴보는 방법을 배웠다. 분산형 플롯 행렬은 임의 두 데이터 차원을 이용해 붓꽃의 세 집단을 분명히 구분할 수 없음을 보여줬다. 앞의 그림에서 집단 중 하나는 네 가지 속성 차원 중 두 가지로 확실히 구분된다.

매트랩 명령어를 직접 이용해 2D 분산형 플롯과 분산형 플롯 행렬을 구축해봤다. scatterhistV는 그림창 영역을 내부적으로 분리해 세 축에 넣는 사용자 정의 함수다. 히스토그램을 계산하는 hist 함수를 사용한 후, 일변량 히스토그램을 세 축 중 두 개에 플롯하는 bar 함수를 사용한다. 히스토그램을 반전하기 위해 xdir와 ydir 속성을 reverse로 설정한다. scatter 명령어를 이용해 주요 데이터 플롯을 완료한다. 이 함수의 코드는 책에 수록한 소스 코드의 일부다.

예제 통찰

▶ 2차원 데이터를 살펴볼 때 분산형 플롯 이용

참고 사항

매트랩 도움말에서 scatter, scatterhist, plotmatrix 명령어를 찾아보라.

분산형 플롯 스무딩

데이터 양이 방대할 때는 단순 분산형 플롯 보기에 과도한 플롯이 있을 수 있다. 이런 경우에는 한 번에 모든 데이터 점을 살펴보기보다는 데이터의 상위 추상화를 살펴볼 필요가 있다. 밀도 플롯과 분산형 플롯 스무딩 같은 기술이 존재하며, 이번 예제에서 살펴볼 수 있다.

준비

이번 예제에서는 분산형 플롯 보기에서 과도한 플롯을 보여주는 3,000개의 점이 있는 데이터 집합을 살펴볼 것이다. 다음과 같이 생성한다.

```
z = [repmat([1 2],1000,1) + randn(1000,2)*[1 .5; 0 1.32];...
  repmat([9 1],1000,1) + randn(1000,2)*[1.4 .2; 0 0.98];...
  repmat([4 8],1000,1) + randn(1000,2)*[1 .7; 0 0.71];];
```

예제 구현

다음과 같이 단계별로 수행한다.

1. 원 기초 데이터를 플롯한다. 데이터가 은닉되어 사용자가 해당 덩어리 내 점의 실제 개수에 대해 전혀 알 수 없을 정도로 과도하게 플롯된 영역을 관찰한다. 결과인 다음 그림을 보자.

   ```
   plot(z(:,1),z(:,2),'.');
   ```

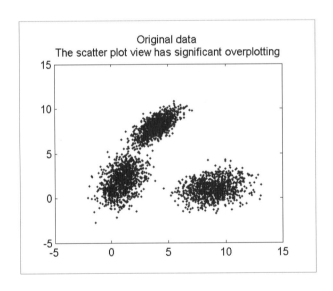

2. 다음과 같은 플롯을 얻기 위해 100×100 격자 위에 밀도 플롯을 생성한다.

   ```
   densityPlot2D(z(:,1),z(:,2),100);
   ```

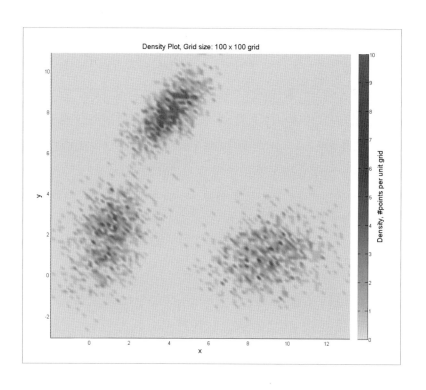

예제 분석

밀도 플롯density plot을 생성하기 위해 데이터를 거친 격자에 격자화한 후, 각 격자에 있는 데이터 점의 주기를 계산한다. 그다음 열지도를 사용해 2D 히스토그램을 표현한다. 2장의 '달력 열지도'에서 `imagesec` 명령어(매트랩의 영상 보기 기술을 사용함)로 열지도를 구현했음을 상기하자. 이번 예제에서 데이터를 표면에 맞추는 `surf` 명령어를 이용한다. 음영 알고리즘은 기본값(깎인면)이며, 격자 요소는 빈의 점 빈도수에 대응하는 하나의 상수 색상만 갖게 한다. 사용자 정의 함수인 `desnsityPlot2D`은 이 책에 수록된 코드 저장소의 일부며, 이를 구현한다. x와 y 데이터 벡터와 밀도 플롯을 계산하기 위한 격자 크기를 입력으로 취한다. 이런 전략을 이용하면 과도한 플롯이 더 이상 문제가 되지 않으며, 플롯이 이제 사용자에게 데이터 분포의 진짜 그림을 보여준다.

부연 설명

고밀도 분산형 플롯을 보는 다른 방법은 **분산형 플롯 스무딩**을 사용하는 것이다. 여기서는 각 점에서 확실히 확산하는 가우시안 분포라고 가정해 모든 가우시안의 합을 촘촘한 데이터 격자에서 계산한다. 이것은 분산형 플롯의 부드러운 버전(가우시안 분포로 가정한 확산이 시각화를 조절하는 파라미터로 동작하며, 높은 확산일수록 결과는 더 확산되거나 부드러워짐)을 대표한다. 사용자 정의 함수인 scatterPlotSmooth2D.m은 이 책에 수록된 코드 저장소의 일부며, 이를 구현한다. 데이터의 두 차원, 확산과 격자 크기를 입력으로 취한다.

```
scatterPlotSmooth2D(z(:,1),z(:,2),.1,300);
```

결과는 다음과 같다.

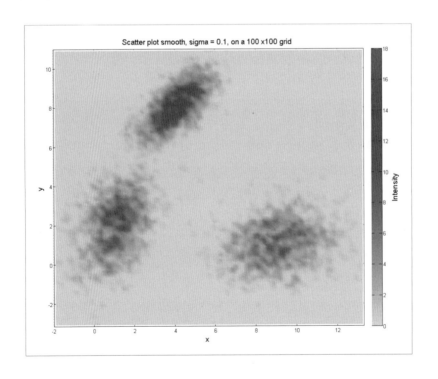

이 플롯의 대화식 버전은 사용자가 열지도 보기에서 확대할 수 있게 해준다. 또렷한 점의 총 개수가 일정 경계값 아래로 떨어지면 이 그래픽은 모드를 전환하고 실제 점을 보여줄 수 있다. 이 방법의 단점 중 하나는 평가할 때 많은 비용이 든다는 것이다(특히 분산형 플롯 스무딩이 더 그렇다). 이 플롯은 대화식인 데다가 확대 기능은 실시간으로 데이터를 다시 격자화하고 표면을 다시 맞춰야 하므로 비용이 늘어난다.

 예제 통찰

▶ 관리할 수 있는 규모인 대량 2차원 데이터를 검토할 때 분산형 플롯 스무딩이나 밀도 플롯 사용

참고 사항

매트랩 도움말에서 surf, interp2, intersect, cat, meshgrid 명령어를 찾아보라.

양방향 오차 막대

1장의 '겹침이 없는 긴 눈금 레이블 배치'에서 각 암 유형에 대한 유전자 발현 중앙값의 양쪽으로 세 표준편차가 있는 오차 막대를 플롯했다. 이번 경우의 생물학적 측정 변이는 y축에 따른 가변 플롯에만 있다. x축에 있는 가변 플롯 안에는 그런 모호함이 없다. 2차원 데이터를 플롯할 때, 양쪽 데이터 차원에 따라 변동할 수 있다. 이번 예제에서 **양방향 오차 막대**bidirectional error bar를 표시하는 방법을 보여준다.

준비

이번 예제에서는 바람의 난류에 대한 위치와 속도의 기록을 사용한다. 데이터를 불러온다.

```
load flatPlateBoundaryLayerData
```

예제 구현

다음과 같이 단계별로 수행한다.

1. 14~31행을 실행해 데이터를 빈으로 구성한다.

2. 위치와 속도에 대한 평균 데이터인 x와 y, 각 빈의 평균 위치와 속도 주위에 있는 오차 막대인 e_x와 e_y의 네 가지 파라미터를 취하는 사용자 정의 함수인 bindDirErrBar.m(이 책에 딸린 코드의 일부)를 호출한다.

   ```
   h = biDirErrBar(x,y,e_x,e_y);
   ```

3. bindDirErrBar 함수가 반환한 핸들을 사용해 주석을 추가한다.

   ```
   set(get(h,'title'),'string',...
     'Bidirectional Error Bars','Fontsize',15);
   set(get(h,'xlabel'),'string',...
     'Position Measurement','Fontsize',15);
   set(get(h,'ylabel'),'string','Velocity Measurement',...
     'Fontsize',15);
   ```

   결과는 다음과 같다.

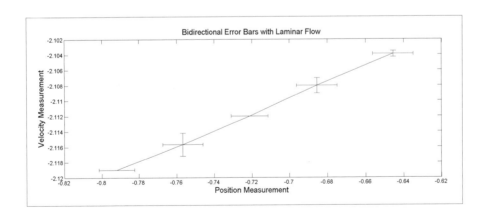

예제 분석

앞의 그림은 x와 y차원 모두에서의 변이를 보여준다. 실제 상황에서는 보기에 연결할 때 x와 y의 측정 변이를 사용할 수 있음에 주목하자. 이번 경우는 x와 y에서 데이터를 빈으로 바꿔 인공적으로 만들고, 평균값에 대한 불확실성을 나타내는 확산을 계산한다. 각 빈도에 있는 x와 y의 평균값은 선과 결합한다. 각 빈에 있는 x과 y 방향의 세 표준편차 값은 각각 두 오차 막대로 플롯된다.

binDirErrBar.m 함수는 내부적으로 수직 오차 막대를 플롯하는 매트랩 내장 errorbar 함수를 호출한다. 그다음엔 수평 오차 막대를 구성하는 line 명령어를 사용한다. 수평 오차 막대의 끝에 있는 수직 막대는 최대 y 관찰치의 2%에 배치한다. 서로 다른 데이터 범위에 대해서는, 양방향 오차 막대 함수를 수정해 해당 파라미터로 실험한다.

부연 설명

 예제 통찰

▶ 두 데이터 차원 모두에서 물리적이거나 측정과 관련된 불확실성을 표현할 때 양방향 오차 막대 사용

참고 사항

매트랩 도움말에서 errorbar 명령어를 찾아보라.

2D 노드 링크 플롯

이번 예제에서, 2장의 '노드 링크 플롯'에서 구축했던 **노드 링크 플롯**의 2차원 아날로그를 살펴본다.

준비

이 데이터는 UCI 웹사이트에서 얻었고 이 책의 예제 코드에서 제공된다. 빅터 휴고 Victor Hugo의 소설 『레미제라블』 내 캐릭터의 동시 출현을 보여준다. 레이블로 표시한 노드는 캐릭터를 대표한다. 모서리에 두 노드 간 연결 값(혹은 연결이 없으면 0임)이 담겨 있다. 행렬 내 0이 아닌 모서리 값은 캐릭터 쌍 간의 동시 출현 개수를 나타낸다. 데이터를 불러온다.

```
load characterCoOccurences
```

예제 구현

다음과 같이 단계별로 수행한다.

1. 그림창과 축을 설정한다.

   ```
   figure('units','normalized','Position',...
      [0.2 0.13 0.49 0.77]);
   mainAx = axes('position',[0.14 0.01 0.80 0.80]);
   ```

2. 색상 맵을 설정한다. 낮은 값이 밝은 색에 대응하도록 색상 맵을 반전한다.

   ```
   m = colormap(copper);m = m(end:-1:1,:);colormap(m);
   ```

3. 표면 플롯으로 데이터의 열지도를 생성한다.

```
% 에지를 반투명하면서 색상 제한을 두도록 설정
set(r,'edgealpha',0.2);
set(gca,'clim',[min(lesMiserables(:)) max(lesMiserables(:))]);
```

4. 주석을 추가한다.

```
% 색상 막대 배치
h=colorbar('northoutside');
% 눈금 레이블 추가
set(mainAx,'xAxisLocation','top','xtick',0:78,...
    'xticklabel',{' ' LABELS{:} ' '},...
    'ytick',0:78,'yticklabel',{' ' LABELS{:} ' '},...
    'ticklength',[0 0],'fontsize',8);
axis tight;
rotateXLabels(gca,90);
```

5. 모든 요소가 적절하게 보이도록 축의 크기를 재조절한다.

```
% 눈금 레이블 회전에 따른 영향을 바로 잡기 위해 재배치
set(h,'position',...
    [0.1006 0.9209 0.8047 0.0128]);
set(get(h,'title'),'String',['Number of '...
    'co-appearances of characters in Les Miserables'...
    'by Victor Hugo']);
set(mainAx,'position',...
    [ 0.1361 0.0143 0.8042 0.8038]);
```

결과는 다음과 같다.

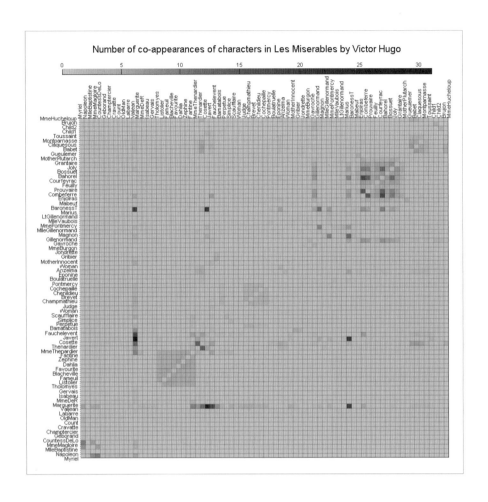

Number of co-appearances of characters in Les Miserables by Victor Hugo

예제 분석

앞의 그림은 레미제라블에서의 캐릭터의 동시 출현을 보여준다. 가장 흔한 공동 캐릭터는 자베르와 마가레트다.

2단계에서는 색상 맵을 반전한 후, 가장 밝은 색부터 가장 어두운 색까지를 가장 낮은 값부터 가장 높은 값에 대응하도록 만들었다. 이것은 열지도 내 희소 행렬을 시각화하기 위한 유용한 측도다(그렇지 않으면 어두운 색상이 플롯에서 매우 바쁘게 나타난다).

3단계에서는 실제 데이터 열지도를 만드는 surf 명령어를 사용했다.

4단계에서는 특히 x축 위치를 top에 설정했다. 또한 첫 위치와 마지막 위치에서 눈금 위치 대신에 이름을 세우도록 캐릭터 이름이 들어간 셀 배열에 두 개의 빈 문자열을 어떻게 추가했는지 주목하자.

예제 통찰

▶ 두 데이터 차원 간의 두 관계를 표현할 때 열지도 사용

▶ 색상 채도를 줄이는 희소 행렬로 낮은 값을 나타내기 위해 밝은 색 사용

참고 사항

매트랩 도움말에서 surf 명령어를 찾아보라.

계통도와 군집도

응집이나 계통적 군집으로 생성한 **계통도**dendrogram는 데이터의 군집 배치를 설명할 때 사용하는 트리 다이어그램이다. 노드의 가장 바깥쪽 집합은 개별 관찰을 의미하고, 나머지 노드는 데이터가 속한 군집을 거리(차이)를 뜻하는 화살표와 함께 나타낸다. 병합된 군집 간의 거리는 병합기 깊이로 단조 증가한다. 플롯 내 각 노드의 높이는 두 딸 사이에 있는 집단 간의 차이 값에 비례한다.

군집도clustergram는 기본적으로 y축의 상단과 x축의 왼쪽에 계통도가 붙어 있는 열지도다(열지도는 각 변수에 따라 정렬되도록 함). 군집도는 (데이터에 대한 변수 중 어느 한 쪽의 효과 관점에서) 데이터 내부에 있는 패턴을 관찰하는 좋은 방법이다

준비

이번 예제는 매트랩 통계해석 툴박스 패키지의 linkage, pdist, dendrogram 함수를 사용한다.

백혈병에 대한 30개 표본에 걸쳐 있는 30개 유전자 발현 수준을 살펴보기 위한 암 유전자 발현 데이터 집합(이 책에서 제공함)을 사용한다. 다음과 같이 데이터를 추출한다.

```
load 14cancer.mat
data = [Xtrain(find(ytrainLabels==9),genesSet); ...
   Xtest(find(ytestLabels==9),genesSet)];
```

예제 구현

다음과 같이 단계별로 수행한다.

1. 세 주성분을 플롯에 배치한다. 주성분의 두 개는 계통도를 담고, 하나는 열지도를 담는다.

```
figure('units','normalized','Position',...
   [0.5641 0.2407 0.3807 0.6426]);
mainPanel = axes('Position',[.25 .08 .69 .69]);
leftPanel = axes('Position',[.08 .08 .17 .69]);
topPanel = axes('Position',[.25 .77 .69 .21]);
```

2. 계통도를 구성한다.

```
Z_genes = linkage(pdist(data'));
Z_samples = linkage(pdist(data));
```

3. 색상 맵을 조작해 가장 낮은 값을 밝은 색으로 나타낸다.

```
m = colormap(pink); m = m(end:-1:1,:);
colormap(m);
```

4. 대상 축에서 계통도를 플롯한다(눈금과 함께).

```
axes(leftPanel);
h = dendrogram(Z_samples,'orient','left');
set(h,'color',[0.1179 0 0],'linewidth',2);
axes(topPanel); h = dendrogram(Z_genes,0);
set(h,'color',[0.1179 0 0],'linewidth',2);
```

5. 계통도가 제시한 순서를 추출한 후, 데이터를 순서대로 재배열한 다음, 정렬된 데이터의 열지도 보기를 생성한다.

```
% 계통도가 제시한 순서를 가져옴
Z_samples_order = str2num(get(leftPanel,'yticklabel'));
Z_genes_order = str2num(get(topPanel,'xticklabel'));
axes(mainPanel);
% 정렬된 데이터의 열지도를 플롯
surf(data(Z_samples_order,Z_genes_order),...
  'edgecolor',[.8 .8 .8]);view(2);
set(mainPanel,'Xticklabel',[],'yticklabel',[]);
```

6. 계통도와 열지도 사이에 x와 y축을 맞춘다.

```
set(leftPanel,'ylim',[1 size(data,1)],'Visible','Off');
set(topPanel,'xlim',[1 size(data,2)],'Visible','Off');
axes(mainPanel);axis([1 size(data,2) 1 size(data,1)]);
```

7. 주석을 추가한다.

```
axes(mainPanel); xlabel('30 different genes','Fontsize',14);
colorbar('Location','northoutside','Position',...
  [ 0.0584 0.8761 0.3082 0.0238]);
annotation('textbox',[.5 .87 .4 .1],'String',...
  {'Expression levels',...
  'Leukaemia'},'Linestyle','none',...
  'fontsize',14);
```

8. x축이 보이지 않더라도 x축 레이블을 보여주도록 설정한다.

```
set(leftPanel,'yaxislocation','left');
set(get(leftPanel,'ylabel'),'string','Samples',...
   'Fontsize',14);
set(findall(leftPanel, 'type', 'text'),...
   'visible', 'on');
```

결과는 다음과 같다.

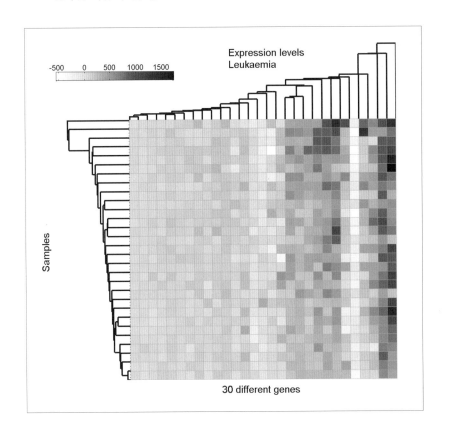

예제 분석

계통적 군집의 경우 linkage 함수는 pdist가 생성한 거리 정보와 객체의 링크 쌍을 취하며, 서로 가까이 이진 군집화한다(군집은 두 객체로 구성된다). 그러면 linkage 함수는 계통 구조 트리에서 새로 구성된 군집을 서로 연결한 후, 원래 데이터 집합 내 모든 객체를 함께 연결할 때까지 큰 군집을 만드는 다른 객체에 연결한다. 기본적으로 pdist는 유클리디안 거리를 사용한다. 다른 거리를 선택하거나 직접 정의할 수 있다.

 예제 통찰

▶ 데이터 내 자연스러운 순서와 군집을 조사할 때 계통도 사용
▶ 경향을 직접 보기 위한 열지도를 요구할 때 군집도 사용

참고 사항

매트랩의 생물정보학 툴박스를 갖고 있다면, clustergram 명령어로 앞의 그래픽을 생성할 수 있다.

매트랩 도움말에서 dendgrogram, linkage, cluster, pdist 명령어를 찾아보라.

등고선 플롯

등고선^{contour line}은 상수 값을 갖는 함수에 따르는 곡선이다. 매트랩은 이 등고선을 구성하는 coutour 함수를 제공한다.

준비

이번 예제에서는 등고선도^{contour map}를 탐색하기 위해 매트랩의 고도 데이터 집합을 이용한다. 데이터를 불러온다.

```
load('topo.mat');
```

예제 구현

다음과 같이 단계별로 수행한다.

1. 데이터를 사용하기 위한 그림창과 색상 맵을 설정한다.

```
figure('units','normalized','Position',...
   [.1063 .4083 .513 .4963]);
axis equal; box on colormap(topomap1);
```

2. 지정한 고도 값을 갖는 등고선을 구성한다.

```
% 매 간격이 100피트며, 등고선은 1000피트 위에 있음.
contour(0:359,-89:90,topo,[1000:100:5800]); hold on;
set(gca,'clim',[min(topo(:)) max(topo(:))]);

% 땅을 나타내기 위해 0인 해수면에 굵은 등고선 추가
contour(0:359,-89:90,topo,[0 0],'Linewidth',2);
```

3. 색상 막대와 주석을 추가한다.

```
colorbar;
set(gca,'XLim',[0 360],'YLim',[-90 90], ...
   'XTick',[0 60 120 180 240 300 360], ...
   'Ytick',[-90 -60 -30 0 30 60 90]);
xlabel('Longitudes','Fontsize',14);
ylabel('Latitudes','Fontsize',14);
title({'Contour lines, using a topological colormap',...
```

```
['Contours show elevation > 1000 ft, at 100 ft' ...
'interval'],['Thick contour at sea level ',...
'delineate land from sea']},'Fontsize',14);
```

결과는 다음과 같다.

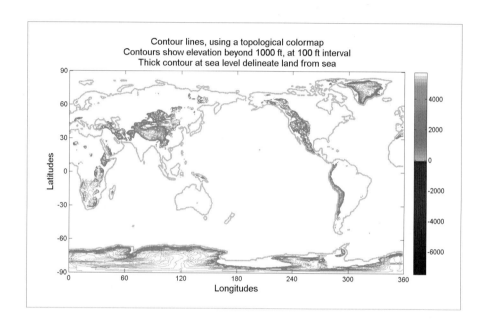

예제 분석

contour 명령어는 동일한 값을 갖는 격자 위에 있는 점을 연결한 등고선을 생성한다. 매 간격이 100피트인 세계 지도에 1000피트보다 큰 고도 값에서 등고선을 그렸다. 무엇보다도 록키, 안데스, 히말라야, 횡단산맥, 자바 수마트라 산맥, 톈산, 알타이 산맥이 보인다.

고도가 0인 곳을 등고선으로 했던 것처럼 바다와 구분되는 육지 윤곽선을 효과적으로 강조하기 위해 등고선의 스타일을 지정할 수 있다.

이번 경우 데이터를 불러올 때 사전 구성된 균등 색상 스케일을 사용했음을 참고하자. 표준 지리 데이터 표현을 유지하면서, 0 이하의 모든 값을 청색으로 매핑하고, 1000보다 약간 큰 모든 값을 다갈색으로 매핑하도록 했다.

부연 설명

매트랩이 비균등 색상 맵을 어떻게 사용하는지 주목하자. 이 절에서 매트랩이 연속적인 데이터 값으로 비균등 색상을 사용하도록 강제하는 방법을 다룬다. 군집 확산을 나타내는 가우시안 함수가 있다고 가정한다. 군집의 중심에서의 관찰 거리는 군집 관계의 신뢰 수준에 반비례한다. 목표는 높은 신뢰 수준이 낮은 신뢰 수준의 영역보다 더 식별할 수 있는 단위인 그래프 영역을 색칠하는 것이다.

다음과 같이 단계별로 수행한다.

1. 사용할 소수의 RGB 값이 들어 있는 색상 맵을 정의한다.

   ```
   ColorMat = ...
     [255 255 255; 255 98 89; 255 151 99; 255 234 129; ...
     227 249 149;... 155 217 106; 76 202 130; 0 255 0;]/255;
   ```

2. 다음은 가우시안 함수 정의다(데이터 생성 단계).

   ```
   [X,Y] = meshgrid(linspace(0,1,50), linspace(0,1,50));
   Z = exp(-(((X-.25).^2)./(2*.5^2) + ...
     ((Y-.5).^2)./(2*.5^2)));
   ```

3. 벡터 x의 등고선 색상을 바꾸고 싶은 값을 정의한다.

   ```
   x = [0, 0.4, 0.7, 0.9, 0.95, 0.98, .99, 1];
   ```

4. 이제 데이터 집합 내 아주 낮은 값부터 가장 높은 값까지 있는 정밀한 격자로 벡터 y를 구성한다(이번 예제에서는 0과 1임). x의 두 연속적인 값 사이에

있는 y의 모든 값을 두 x값 중 큰 값으로 채운다.

```
clim = [0 1];
y = 0:0.005:1.0;
for k=1: length(x)-1,
    y(y>x(k) & y<= x(k+1)) = x(k+1);
end
```

5. x에 대응하는 색상 맵을 보간해 y에 대응하는 색상 맵을 생성한다.

```
cmap2 = [interp1(x(:),ColorMat(:,1),y(:)) ...
    interp1(x(:),ColorMat(:,2),y(:)) ...
    interp1(x(:),ColorMat(:,3),y(:))];
```

6. surf 명령어로 채운 등고선을 생성한다.

```
surf(X,Y,Z); box on; view(2);shading flat;
```

7. 색상 맵을 새로 정의된 행렬로 설정한다.

```
colormap(cmap2);
```

8. 0부터 1까지인 색상 축을 수동으로 설정한다. 색상 막대를 추가한다.

```
caxis(clim);
colorbar;
```

결과는 다음과 같다.

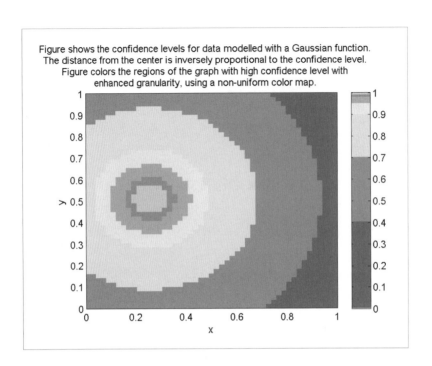

Figure shows the confidence levels for data modelled with a Gaussian function. The distance from the center is inversely proportional to the confidence level. Figure colors the regions of the graph with high confidence level with enhanced granularity, using a non-uniform color map.

 예제 통찰

▶ 2차원 데이터 내 패턴을 조사할 때 등고선 사용

▶ 관심 데이터 범위에 중점을 둘 때 비균등 색상 견본 사용

참고 사항

이번 예제에서 살펴본 contour, clabel, peaks, contourc, contourf 명령어를 매트랩 도움말에서 찾아보라.

분산형 데이터 격자화

2차원 데이터가 균등 격자 위에 존재하지 않는다면, surf 같은 방법을 적용할 수 없다. 매트랩은 균등 격자에 분산 점을 맞추는 기능을 제공한다. 따라서 동일한 데이터를 2D 시각화하는 표준 기술 사용이 가능하며, 이번 예제에서 살펴볼 수 있다.

준비

2D 공간에 분산형 데이터 집합을 생성한다.

```
load griddataExample;
R = sqrt(x.^2 + y.^2) + eps; z = sin(R)./R;
```

예제 구현

다음과 같이 단계별로 수행한다.

1. 균등 격자를 정의한다.

   ```
   xx = linspace(min(x),max(x),30);
   yy = linspace(min(y),max(y),30);
   [X,Y] = meshgrid(xx,yy);
   ```

2. 매트랩 명령어 griddata를 사용해 분산형 데이터를 표면에 맞춘다.

   ```
   Z_griddata = griddata(x,y,z,X,Y);
   ```

3. 다른 방법은 매트랩 명령어 triscatteredinterp를 사용한다.

   ```
   triScatterInterp_F = TriScatteredInterp(x,y,z,'natural');
   Z_triScatterInterp = triScatterInterp_F(X,Y);
   ```

4. 다음과 같이 여러 기술을 사용해 시각화한다.

```
% 그림창 설정
figure('units','normalized','Position',...
  [.312 .1463 .488 .712]);

% 플롯 1 - griddata, pcolor 사용, 격자선이 없음
subplot(2,2,1);
h=pcolor(X,Y,Z_griddata);set(h,'edgecolor','none'); hold on;
title({'Fit using \color{red}griddata',...
  '\color{black}Plot with \color{red}pcolor',...
  'color{black}Clear grid lines'},'Fontsize',12);
plot(x,y,'o','markerfacecolor',[0 0 0]);
box on; grid on;axis([-10 10 -10 10]);

% 플롯 2 - griddata, mesh
subplot(2,2,2);
mesh(X,Y,Z_triScatterInterp); hold on;
h=mesh(X,Y,Z_griddata);view(2);
set(h,'edgecolor','none'); hold on;
title({'Fit using griddata',...
  'Plot with mesh'},'Fontsize',12);
plot(x,y,'o','markerfacecolor',[0 0 0]);
box on; grid on;axis([-10 10 -10 10]);

% 플롯 3 - triScatterInterp + triangular patches
subplot(2,2,3);
tri = delaunay(X,Y);
h= trisurf(tri,X,Y,Z_triScatterInterp); set(h,'edgecolor','none');
view(2); hold on;
title({'Fit using triScatterInterp',...
  'Plot using trisurf triangular patches)'},...
  'Fontsize',12);
plot(x,y,'o','markerfacecolor',[0 0 0]);
box on; grid on;axis([-10 10 -10 10]);
```

```
% 플롯 4 - triScatterInterp, surf + interp shading
subplot(2,2,4); hold on;
surf(X,Y,Z_triScatterInterp); view(2); shading interp;
title({'Fit using triScatterInterp',...
   'Plot with surf + interp shading'},'Fontsize',12);
plot(x,y,'o','markerfacecolor',[0 0 0]);
box on; grid on;axis([-10 10 -10 10]);
```

결과는 다음과 같다.

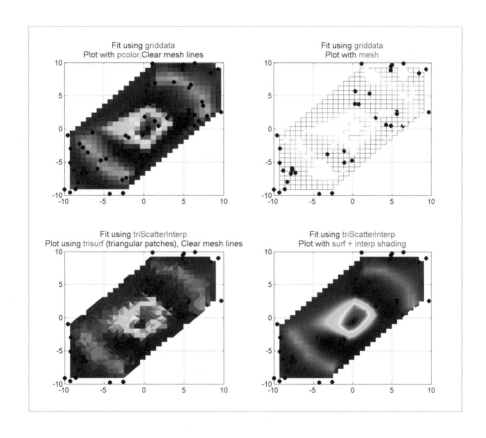

예제 분석

이번 예제에서 데이터를 비균등 격자에서 표현하기 위한 옵션을 조사했다. 분산 데이터를 맞추기 위해 사용할 수 있는 두 옵션인 `TriScatteredInterp`와 `griddata`가 있는데, `TriScatteredInterp`가 `griddata`보다 더 빠르다. 양쪽 모두 결과를 구성하기 위해 동일한 삼각분할을 이용한다. 다만 후자는 보간을 임시 저장한 후, 평가할 때마다 삼각분할을 다시 계산해야 하거나 보간 방법을 바꿔야 할 때 혹은 동일한 위치에 있는 값을 변경할 때 그 보간을 제거한다. `TriScatteredInterp`의 다른 장점은 **자연적인 이웃 보간 방법**을 사용할 수 있다는 것이다. C1 연속은 각 표본 점과 관련된 영향지역 가중치를 갖고 있으며(동일한 위치면 제외), 군집과 희소 데이터 위치에서 잘 수행한다. 덧붙이자면 `TriScatteredInterp`는 수치적 문제에 강인하고, 더 빠르고, 월등한 메모리 효율을 보여주는 CGAL 들로네^{Delaunay} 삼각분할(`DelaunayTri` 함수)을 이용한다.

또한 이번 예제에서 격자화된 데이터를 보기 위해 서로 다른 음영 알고리즘인 `pcolor`, `surf`, `mesh`, `trisurf` 등을 포함한 여러 가지 옵션을 탐색했다.

제목 문자열의 일부 서식에 색상을 달리 하기 위해 `\color{red}griddata`를 어떻게 사용했는지에 주목하자(이번 경우 `griddata`는 빨간색이었음).

부연 설명

매트랩이 반환한 보간된 표면이 좋은지 어떻게 알 수 있을까? 들로네 삼각분할을 확인하자. 삼각분할 후 모든 변의 길이가 전혀 같지 않아 보인다면, 이웃하는 곳에서 좋은 결과를 기대하기가 어려울 수 있다.

```
dt = DelaunayTri(x,y)
triplot(dt);
```

결과는 다음과 같다.

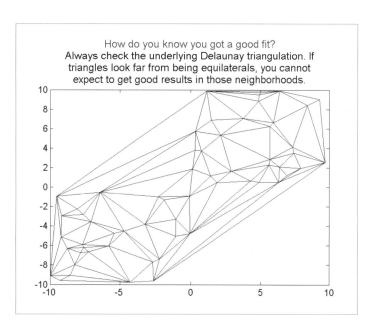

 예제 통찰

▶ 자신 데이터에서 방대한 분산형 데이터 집합을 보간하고 추론하기 위해 TriScatted Interp 사용

▶ 2D 분산형 데이터 보간이 기대하지 않았던 결과를 만든다면 들로네 삼각분할을 확인하라. 삼각분할의 일부가 매우 가늘고 길다면 이웃 때문에 좋은 결과를 얻는 것을 기대할 수 없다.

참고 사항

이번 예제에서 살펴본 griddata, meshgrid, mesh, surf, pcolor, delaunay, DelaunayTri, triplot, strisurf 명령어를 **매트랩 도움말**에서 찾아보라.

단계구분도

주제도^{thematic map}의 한 유형인 **단계구분도**^{choropleth map}는 측정한 통계 값에 비례한 음영이나 패턴을 넣은 영역을 맵에 표시한다. 단계구분도는 측정한 값이 지리적인 영역에 걸쳐 어떻게 다른지 시각화하는 쉬운 방법을 제공한다.

준비

이번 예제에서는 미국 암 발병률 데이터 집합을 시각화한다. 이 데이터는 CDC 웹사이트에서 얻었고, 이 책의 예제 코드로 제공된다. 미국의 경계선 정보도 필요하므로 미국 정부 총조사 웹사이트에서 다운로드했다. 물론 이 책에서도 제공된다.

데이터 집합을 불러온다.

```
[deathRatesstateNames] = xlsread('cancerByRegion.xlsx');
stateNames = {stateNames{2:end,1}};
load('USStateboundaries.mat');
```

예제 구현

다음과 같이 단계별로 수행한다.

1. 그림창을 배치한 후, 표시할 최대와 최소 데이터 간의 색상 스케일을 설정한다.

```
figure('units','normalized','Position',...
    [.11 .34 .48 .56]);

% 최대와 최소 데이터 간의 색상 스케일 설정
climMat = [min(deathRates(:,1)) max(deathRates(:,1))];
set(gca,'clim',climMat); hold on;
m = colormap;
```

2. 각 주마다 채운 다각형을 그린다. 다각형 좌표는 각 주의 위도와 경도 경계선에 일치해야 한다. 다각형 색상은 보여줄 데이터 값에 일치해야 한다.

```
% 각 주마다
for i = 1:49

% 해당 주의 데이터 값 추출
dataPoint = deathRates(find(strcmp(states(i).Name, ...
    stateNames)),1);

% 해당 데이터 값에 일치하는 색상 첨자를 추출해 색상 맵에 넣음
index = fix((dataPoint-climMat(1))/...
    (climMat(2)-climMat(1))*63)+1;

% 채운 다각형을 그림(앞에서 언급했던 첨자 위치에서
% 색상 맵 값에 대응하는 색상으로 채움)
% 모두 연결된 다각형에서 NaN 제거 필요
fill(states(i).Lon(~isnan(states(i).Lon)),...
    states(i).Lat(~isnan(states(i).Lat)),m(index,:));
end
```

3. 주석과 색상 막대를 추가한다.

```
title({'Age adjusted rate of incidence of cancer '...
    'across all races from 2003 - 2007'},'Fontsize',14);

% 축이 보이길 원하지 않음
set(gca,'visible','off');

% 하지만 보이지 않는 축에 제목이 나타나길 원함
set(findall(gca, 'type', 'text'), 'visible', 'on');

% 색상 막대 추가
h=colorbar('Location','Southoutside');
xlabel(h,['Rate is reported as number per 100,000 '...
    'population'],'Fontsize',13);
```

결과는 다음과 같다.

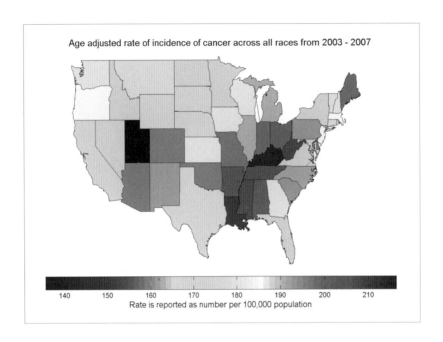

Age adjusted rate of incidence of cancer across all races from 2003 - 2007

140   150   160   170   180   190   200   210
Rate is reported as number per 100,000 population

예제 분석

위 그림은 미국의 중서부 구역에서 암 발병이 매우 높음을 보여준다.

예제를 두 기본적인 단계로 나눌 수 있다(2단계에서는 각 주에 대해 완료). 첫 번째는 주 경계선을 플롯하는 다각형을 사용하는 것이다(매트랩의 fill 함수로 달성함). 두 번째는 데이터 값을 색상 맵의 색상에 매핑하는 것이며 다각형을 적절하게 색칠할 수 있다. 데이터 값을 매핑하는 공식은 다음과 같다.

```
index = fix((dataPoint-climMat(1))/...
    (climMat(2)-climMat(1))*63)+1;
```

여기서 63은 색상 맵에 정의된 색상 레벨 수에 1을 뺀 것과 일치한다. 63은 기본 색상 유형 jet가 64레벨이라는 사실에 기인한다. climMat은 현재 색상 맵에 매핑하

158

기 위한 데이터의 두 극단치를 제공한다(1단계에서 clim 속성 설정으로 데이터를 색상 맵에 연결했음).

 예제 통찰

▶ 지리 영역의 통계 데이터를 전달할 때 영역에 걸친 패턴, 변이와 경향을 강조할 경우 단계구분도 사용

참고 사항

이번 예제에서 접했던 fill, clim, surf, shading 명령어를 **매트랩 도움말**에서 찾아보라.

기호가 있는 주제도

기호가 있는 주제도 기술은 서로 다른 영역이나 지도 내 위치와 관련된 데이터를 대표하는 서로 다른 크기를 갖는 기호를 사용한다. 예로 이번 예제에서는 히말라야 지역의 고도 기울기를 그리는 화살표를 사용하며, 구역의 지형도를 덮어 씌운다.

준비

이번 예제에서는 2장, '1차원 데이터 표시에 뛰어들기'에서 사용했던 동일한 고도 데이터를 사용하며, 히말라야 지역에 초점을 맞춘다. 데이터를 불러온다.

```
load topo
```

예제 구현

다음과 같이 단계별로 수행한다.

1. 다음과 같이 그림창을 설정한다.

```
% 그림창 배치
figure('units','normalized','position',...
    [.36 .42 .38 .48]);

% 격자 정의
xx = [0:180 -179:-1];
yy = -89:90;
[XX, YY] = meshgrid(xx,yy);

% 기울기 계산
[FX,FY] = gradient(topo);
```

2. 배경 영상을 올려놓는다.

```
surf(xx,yy,topo);shading interp; view(2);
% 데이터 집합에 딸린 특수한 색상 맵 사용
colormap(topomap1);

% 덮어 씌울 추가 정보를 보기 위해 반투명화
alpha(.5);
hold on;
```

3. quiver로 1보다 큰 크기조정 인자를 취해 경사도 데이터를 배치

```
quiver(XX,YY,FX,FY,1.7,'Color',[0 0 0],'linewidth',1.5);
```

4. 관심 영역에 초점을 맞춘다.

```
xlim([65 110]); ylim([18 44]);
```

5. 동일한 간격의 영역을 결합한 등고선을 추가한다.

```
% 등고선 색상과 폭을 사용자 정의
[C, h] = contour(xx,yy,topo,[1000:1500:max(topo(:))],...
    'Color',[.8 .8 .8],'linewidth',1);
```

```
% 등고선을 사용자 정의 서식인 텍스트 레이블에 추가
text_handle = clabel(C,h);
set(text_handle,'BackgroundColor',[1 1 .6],...
    'Edgecolor',[.7 .7 .7],'fontweight','bold')
```

6. 전체 그래프에 대한 주석을 추가한다.

```
title({'A topographical map of the Himalayan region',...
    ['Arrows show the gradient (magnitude and'...
    'direction);'],...
    'Contour lines join areas of equal elevation'},...
    'Fontsize',14);
xlabel('Longitudes','Fontsize',14);
ylabel('Latitudes','Fontsize',14);
```

결과는 다음과 같다.

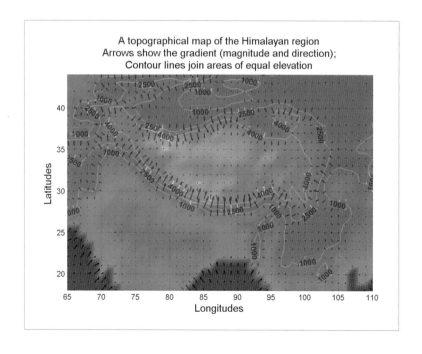

예제 분석

이 그래픽은 지형도에 있는 경사도 정보를 보여주는 화살표를 이용한다. 히말라야 지역에 있는 산이 급격하게 증가한 부분을 볼 수 있다.

2단계에서 alpha 명령어로 영상 겹침의 투명도를 변경할 수 있는데, **궤도선**^{quiver line}이 과도하게 플롯됐기 때문이다. 투명에 관한 자세한 내용은 4장 '매트랩 그래픽 요소 사용자 정의 – 고급'을 참고하자.

3단계에서 경사도 정보를 표시하는 quiver 명령어를 사용했다. 화살표 길이는 강도와 기울기 값의 방향에 해당하는 방향을 보여준다. 매우 확연하게 드러나 보이도록 화살표를 늘리기 위해 기울기 값에 관한 크기조정 인자인 1.7을 사용했다.

5단계에서 사용자 정의 서식이 있는 등고선을 추가했으며, 사용자 정의 서식인 레이블을 동반한다.

 예제 통찰

▶ 지리 영역의 통계 데이터를 전달할 때 영역에 걸친 패턴, 변이와 경향을 강조할 경우 기호를 수반한 주제도 사용

참고 사항

이번 예제에서 접한 surf, quiver, contour, alpha 명령어를 **매트랩 도움말**에서 찾아보라.

유선도

유선도$^{flow\,map}$는 한 위치에 있는 객체의 움직임을 묘사하는 흐름 차트와 지도의 혼합이며, 무엇이 흐르는지, 흐르는 방향, 원본과 대상, 얼마만큼 흐르는지 등의 정보를 나타낸다.

준비

이번 예제에서는 이탈리아를 관광하기 위한 여행 계획 일정을 보여준다. 데이터를 불러온다.

```
load romanHoliday
```

실행 시간에서 지도를 얻는 구글 개발자 API를 사용했음을 주목하자. 이번 예제를 성공적으로 실행하려면 인터넷에 연결해야 한다.

예제 구현

다음과 같이 단계별로 수행한다.

1. 구글 지도의 정지 영상 API를 이용해 지도를 가져온다.

    ```
    %% 파라미터 정의
    height = 640; width = 640;

    % 모든 위도/경도 값을 질의 문자열로 구성
    pos = [];
    for i = 1:length(Lats)-1
      pos= [posnum2str(Lats(i)) ',' ...
      num2str(Lons(i)) '&markers='];
    ```

```
end
pos = ['http://maps.google.com/staticmap?markers=' ...
  posnum2str(Lats(end)) ',' num2str(Lons(end)) ...
  '&size=' num2str(width) 'x' num2str(height) ...
  '&scale=2'];

% 구글 지도에서 영상으로 검색
[I map]=imread(pos,'gif');
RGB=ind2rgb(I,map);
```

2. 그림창을 배치한 후, 주요 축 패널 안에 지도를 플롯한다.

```
figure('units','normalized','position',...
  [.09 .09 .34 .81]);
mapPanel = axes('position',[.11 .36 .78 .57]);
image(RGB);hold on;
```

3. x와 y 눈금 레이블과 지도 패널 제한을 설정한다.

```
axes(mapPanel);
set(gca,'XTickLabel',[],'YTickLabel',[]);
xlim([170 466 ]); ylim([110 528]);
```

4. 흐름 정보 패널 추가를 선언한 후, 해당 패널의 눈금 레이블과 축 제한을
   설정한다.

```
metaPanel = axes('position',[.11 .11 .78 .25]);
ylim([0 12]);xlim([170 466 ]);
set(metaPanel,'ytick',1:11,'yticklabel',...
  {'Day 1','Day 2','Day 3','Day4','Day 5','Day 6',...
  'Day 7','Day8','Day9','Day10','Day 11'});
[bl I] = sort(X);
set(metaPanel,'xtick',X(I),'xticklabel',stops(I));
rotateXLabels(metaPanel,90);
grid on;hold on;
```

5. 각 경유지에서 체류하는 기간과 경유지 간의 교통 방법을 보여주는 경로를 플롯한다.

```
for i = 1:7
  j = i+1;
% 로마 배제
  if i==7, j = 4;
end

% 장소 사이에 여행할 때 이용했던 교통 수단을 묘사하는 색상으로
% 경유지를 연결한 선을 그림
axes(mapPanel);
if strcmp( meansOfTransportation{i},'Road')
  c = [0 0 1];
  line([X(i) X(j)],[Y(i) Y(j)],...
    'Color',[0 0 1],'linewidth',2);
elseif strcmp( meansOfTransportation{i},'Air')
  c = [0 .3 0];
  line([X(i) X(j)],[Y(i) Y(j)],...
    'Color',[0 .3 0],'linewidth',2);
elseif strcmp( meansOfTransportation{i},'Train')
  c = [1 0 0];
  line([X(i) X(j)],[Y(i) Y(j)],...
    'Color',[1 0 0],'linewidth',2);
end

% 체류 기간을 보여주는 선을 메타 데이터 지도에 추가
axes(metaPanel);
if i==1
  fill([X(i)-5 X(i)+5 X(i)+5 X(i)-5 X(i)-5],...
    [0 0 sum(daysSpent(1:i)) sum(daysSpent(1:i)) 0],...
    [.5 .5 .5]);alpha(.5);
  line([X(i) X(j)],[sum(daysSpent(1)) ...
    sum(daysSpent(1:2))],'Color',c,'linewidth',2);
```

```
      else
        if j < i
          line([X(i) X(j)],[sum(daysSpent(1:i)) ...
              sum(daysSpent(1:i))],'Color',c,'linewidth',2);
        else
            line([X(i) X(j)],[sum(daysSpent(1:i)) ...
              sum(daysSpent(1:j))],'Color',c,'linewidth',2);
            fill([X(i)-5 X(i)+5 X(i)+5 X(i)-5 X(i)-5],...
              [sum(daysSpent(1:i-1)) sum(daysSpent(1:i-1)) ...
              sum(daysSpent(1:i)) sum(daysSpent(1:i)) ...
              sum(daysSpent(1:i-1))],[.5 .5 .5]);alpha(.5);
            end
          end
      end
```

6. 주석을 추가한다.

```
axes(metaPanel);
ylabel('Length Of Stay'); box on;
axes(mapPanel);
title({'Vacation Plan for Italy',...
    ['Path Color shows: \color{blue}ROAD '...
    '\color{red}TRAIN \color[rgb]{0 .3 0}AIR']},...
    'Fontsize',14);
```

결과는 다음과 같다.

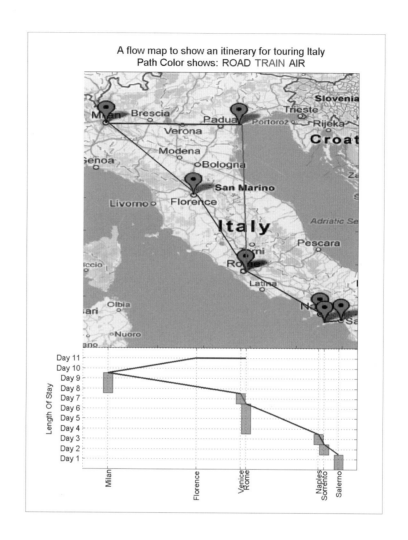

예제 분석

이번 예제는 지도상에서 데이터 흐름 정보를 시연했음을 보여준다.

이번 예제에서는 지도를 배치한 후 여행 일정의 경로를 플롯했다. 색상은 교통 수단을 묘사할 때 사용된다. 축약 범례는 그림창의 제목 안에 있는 색칠한 단어를 포함할 때 사용된다.

날짜 소요 패널 아래에 날짜는 위치 정보를 시간과 묶었다. 영상의 X 위치에서 눈금을 설정했으므로 모두 다 같지 않은 격자선을 사용했음에 주목하자(4단계).

구글 개발자 API를 입력인 위도 값과 경도값 표식 집합, 영상 크기와 함께 사용했다. 구글은 정지 영상 검색 API를 이용한 정확한 경계선 질의를 허용하지 않는다. 따라서 다양한 위치에 있는 경도 값과 위도 값인 영상 좌표를 수동으로 측정했다. 이번 예제의 소스 코드에서 활용할 수 있는 API를 참고하자.

예제 통찰

▶ 데이터와 흐름 움직임의 혼합을 조사할 때 유선도 사용

참고 사항

이번 예제에서 접했던 line과 alpha 명령어를 **매트랩 도움말**에서 찾아보라.

4

매트랩 그래픽의 요소
사용자 정의 – 고급

이 장에서 다루는 내용

- 투명도
- 조명
- 뷰 제어
- 조명, 투명도, 뷰 간의 상호 작용

소개

1장의 '매트랩 그래픽의 요소 사용자 정의 – 기본'에서 매트랩 그래프를 강력하게 사용자 정의할 수 있고 모든 데이터 차원에 적용할 수 있는 그림창과 축 속성 설정에 관해 배웠다. 4장에서는 그래프의 **투명도**, **조명**, **뷰**에 영향을 주는 프로그래밍 방법과 이를 시각화에서 효율적으로 사용하는 방법에 대해 배운다.

투명도

이전 장의 예제에서 정보를 표현하기 위해 색상을 사용했다. 그래픽 객체들의 유사한 속성은 표면 투명도다. **색상**과 **투명도**transparency는 정보를 표현할 때 사용할 수 있다. 이전 장의 예제에서는 노출된 뷰로부터 숨겨진 요소를 드러낼 때 투명도를 사용했다. 이번 예제에서는 정보를 표현하기 위해 투명도를 사용하는 방법을 배운다.

준비

투명도를 사용하려면 시스템이 OpenGL을 활용할 수 있어야 한다. 투명도를 렌더링할 때 매트랩은 OpenGL이 활용 가능하면 자동으로 OpenGL을 사용한다. 만약 활용할 수 없다면 투명도는 표시할 수 없다. 상세한 정보를 보려면 매트랩 제품 페이지에 있는 그림창 속성인 RenderMode를 참고하자.

네덜란드의 웨스터보크 합성전파망원경Westerbork Syntheis Radio Telescope(WSRT)으로 몇 년에 걸쳐 기록한 무선 주파수 327 MHZ인 은하 조사 데이터 부분을 사용할 것이다. 이 부분은 기본 데이터에 중첩되는 여러 펄서pulsar 위치를 포괄한다. 데이터를 불러온다.

```
load W6
```

예제 구현

다음과 같이 단계별로 수행한다.

1. surf 명령어를 이용해 데이터를 플롯한다. 각 격자면의 모든 색상과 투명도에 대한 원시 정보와 동일한 데이터를 사용한다.

```
figure('units','normalized','position',[.2 .5 .55 .4]);

% 격자 정의
xx=[84-3/8:-(((84-3/8)-(77+3/8))...
  /(size(W6,2)-1)):77+3/8];
yy=[-1.5-.1:(abs((-1.5-.1)-(1.5+.1))/...
  (size(W6,1)-1)):1.5+.1];

% 데이터 표면화(둘 다 데이터와 알파 데이터를 W6으로 설정했음을 참고)
surf(xx,yy,W6,'alphadata',W6,'facealpha','interp'); view(2);
shading interp; axis tight;

% 알파 제한 설정
alim([-0.05 .2]);

% 모든 그래프에 주석 추가
title({['Transparency (&color) used to encode same'...
  'information. Data recorded in radio frequency'],...
  [' (327 MHz) by the Westerbork Synthesis Radio' ...
  'Telescope (WSRT) in the Netherlands'],...
  ['4(f) gray scale range 0 - 150 mJy /'...
  'beam']},'Fontsize',14);
xlabel('Galactic Longitudes','Fontsize',14);
ylabel('Galactic Latitudes','Fontsize',14);
```

결과는 다음과 같다.

Transparency (and color) used to encode same information; the higher the magnitude, the less transparent is the datapoint. Data was obtained from the Westerbork Synthesis Radio Telescope (WSRT) in the Netherlands, recorded in the radio frequency (327 MHz) range.
4(f) gray scale range 0 - 150 mJy / beam

2. 그다음 데이터를 다시 플롯한다. 이때 각각 색상과 투명도에 대한 원시 정보로 서로 다른 데이터를 사용한다.

```
% 원시 데이터 플롯
data h=surf(xx,yy,W6); view(2); shading interp; axis tight;

% 투명도 데이터 역할을 하는 상자 마스크 생성
tt = .5*ones(size(W6));
tt1 = repmat([.5*ones(1,140) 0*ones(1,80) ...
  0.5*ones(1,140) 0*ones(1,80) 0.5*ones(1,140)...
  0*ones(1,80) 0.5*ones(1,140) 0*ones(1,79) ],365,1);
tt2 = repmat([0.5*ones(1,65) 0*ones(1,40) ...
  0.5*ones(1,63) 0*ones(1,40) 0.5*ones(1,62) ...
  0*ones(1,40) 0.5*ones(1,55)]',1,879);
tt = .5*(double(tt1&tt2)) + .5;

% 알파 데이터를 이 마스크에 설정
set(h,'alphadata',tt,'facealpha','interp');

% 알파 제한 설정
alim([0 1]);
```

```
% 모든 그래프에 대한 주석 추가
title({['Color for raw data; Pattern for '...
   'transparency']},'Fontsize',14);
xlabel('Galactic Longitudes','Fontsize',14);
ylabel('Galactic Latitudes','Fontsize',14);
```

결과는 다음과 같다.

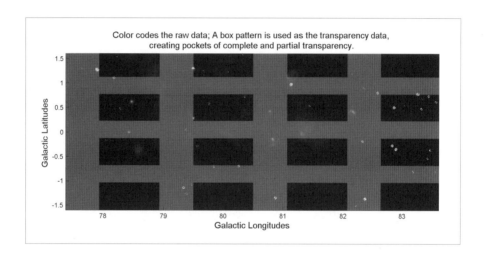

3. 알려진 펄서 위치를 나타내기 위해 원본 그림창에 표식을 추가한다.

```
surf(xx,yy,W6,'alphadata',W6,'facealpha','interp'); view(2);
hold on; shading interp; axis tight;
alim([-0.05 .2]);
```

```
% 펄서 위치를 나타내기 위해 표식 추가
plot(pulsars(2).lon,pulsars(2).lat,'s',...
   'MarkerEdgeColor','none','Markersize',18,
   'Markerfacecolor',[1 1 0]);...
plot(pulsars(2).lon-.5,pulsars(2).lat-.1,'s',...
   'MarkerEdgeColor','none','Markersize',18,
   'Markerfacecolor',[1 0 1]);...
plot(pulsars(2).lon-1,pulsars(2).lat-.2,'s',...
```

```
    'MarkerEdgeColor','none','Markersize',18,
    'Markerfacecolor',[0 1 0]);...
plot(pulsars(2).lon-2,pulsars(2).lat-.3,'s',...
    'MarkerEdgeColor','none','Markersize',18,
    'Markerfacecolor',[1 0 0]);...

% 모든 그래프에 대한 주석 추가
title({['Interaction of opacity and color between '...
    'two surfaces may create false color.']},...
    'Fontsize',14);
xlabel('Galactic Longitudes','Fontsize',14);
ylabel('Galactic Latitudes','Fontsize',14);
```

결과는 다음과 같다.

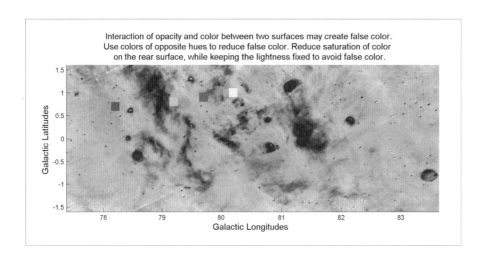

예제 분석

매트랩에서 투명도를 0과 1값 사이의 범위에서 조작할 수 있는데, 이 값을 **알파** 값 이라고 한다. 알파 값이 0이면 완벽하게 투명함(즉, 보이지 않음)을 의미하고, 알파 값 이 1이면 완벽하게 불투명함(즉, 투명도가 없음)을 의미한다.

알파 데이터는 객체에 대한 투명도 정보를 정의한다. 기본적으로 객체는 단일 값의 알파 데이터를 갖는다. 하지만 AlphaData 속성을 통한 데이터 배열로 표면과 영상 알파를 정의할 수 있다. 알파 데이터 배열은 데이터 점과 동일한 크기를 가져야 한다. 매트랩이 데이터로부터 사용할 색상을 결정하는 방법과 유사하게 작동한다. **표면**이나 **패치** 객체를 생성할 때 매트랩 렌더링 소프트웨어는 데이터 배열 내각 요소를 colormap의 색상에 매핑한다. 마찬가지로 알파 데이터 배열의 각 요소를 alphamap의 투명도 값에 매핑한다. 이제 alphadatamapping 속성은 데이터를 첨자로 해석해 alphamap에 넣을지(direct) 아니면 alim로 이미 설정된 제한 사이에 선형적으로 매핑할지(scaled)를 결정한다. facealpha와 edgealpha 속성을 통해 사용하고자 하는 면과 에지 렌더링을 선택할 수 있다. interpolated로 각 꼭지점에 있는값을 양선형 보간하는 반면 flat은 면당 하나의 투명도 값을 사용한다. 패치 객체의경우 FaceVertexAlphaData 속성을 사용해야 한다. 기본적으로 객체는 값을 1로 설정한 스칼라 알파 데이터를 갖는다.

이전 예제에서 그래프 내 색상 채도를 줄이거나 표면 아래에 덮인 과도하게 플롯된데이터를 표시하도록 표면 계층의 투명도 값을 변경했다(1장의 '달력 열지도'와 2장의'기호가 있는 주제도에서'). 이번 예제에서는 정보를 코드화하는 투명도를 사용한다.

1단계에서 alphadata와 CData를 동일한 데이터 행렬로 정의했다. 결과는 자체 색상을 보유한 데이터의 높은 값이었다. 데이터의 낮은 값은 희미하거나 탈색된 듯이나타났다(높은 투명도). 2단계에서는 데이터 행렬인 CData를 정의했다. alphadata 경우 높은 주머니와 낮은 투명도 값이 있는 마스크를 사용했다. 둘 다 alim를 사용했음에 주목하자. 이 명령어는 alphamap의 두 극단 값에 반드시 일치해야 하는 극단데이터 값을 정의할 때 쓰인다. 1단계에서는 높은 alim 값을 데이터 행렬의 최댓값보다 더 낮은 값으로 임의로 설정한다. 이 값은 데이터 내 관심 특징이 있는 영역의물리적인 값에 일치하기 때문에 선택됐다. 이 영역이 투명도 때문에 색이 탈색되지않았음을 확인했다.

투명한 표면을 함께 덮어 씌울 때 두 표면의 색상과 불투명도가 상호 작용해 **거짓 색상**false color을 생성한다. 거짓 색상이 나타나게 하지 않으려면 보색인 색조hue를 반투명으로 겹쳐 입힌 색상을 사용한다. 거짓 색상을 피하기 위해 일정한 밝기를 유지하는 과정에서 표면 가까이에 있는 색상의 채도saturation를 줄인다.

예제 통찰

▶ 데이터에서 숨겨졌거나 가려진 특징을 나타낼 때 투명도 사용

▶ 정보를 표현하기 위한 그래픽의 추가적인 차원으로 투명도 사용

▶ 거짓 색상을 피하기 위해 보색인 색조를 반투명으로 겹쳐 입힌 색상을 사용. 일정한 밝기를 유지하는 과정에서 표면 가까이에 있는 색상의 채도를 줄임

참고 사항

이번 예제에서 접했던 alpha, alphamap과 alim 명령어를 **매트랩 도움말**에서 찾아보라. 그림창 속성과 관계된 AlphaData, AlphaDataMapping, FaceAlpha, EdgeAlpha, FaceVertexAlphaData, ALim, ALimMod, Alphamap을 매트랩 도움말에서 찾아보라.

조명

조명lighting은 그래픽 장면에 사실감realism을 줄 때 사용하는 기술이다. 이것은 자연 조명 아래에 있는 객체에 발생하는 주요 영역과 어두운 영역을 흉내 낸다. 기본 광원인 **환경광**ambient light은 장면 안의 모든 객체에서 고르게 빛나는 방향성이 없는 빛이다. 광원 자체를 볼 수 없다. surf, mesh, pcolor, fill과 fill3 같은 함수는 물론 surface와 patch 함수로 만든 객체는 빛의 영향을 보여주며, 광원으로부터 받는 영향을 제어하는 여러 속성을 갖는다.

준비

이번 예제에서는 시각화에 미치는 빛의 영향을 조사하기 위해 매트랩이 제공하는 teapotdemo를 사용한다. 이 데모는 다양한 효과를 만들기 위해 실행했던 명령어를 보여주는 콘솔 창을 가지며, 자체 GUI를 이용해 수정할 경우에 한정한다.

예제 구현

다음과 같이 단계별로 수행한다.

1. 데모를 실행한다.

   ```
   teapotdemo
   ```

   데모의 기본 파라미터로 다음과 같이 뉴웰 찻주전자를 보여준다.

2. 조명 스타일을 flat으로, 재질 유형을 dull로 변경한다.

   ```
   lighting flat;
   material dull;
   ```

   데모 창의 뉴웰 찻주전자에 준 효과는 다음과 같다.

3. SpecularExponent, SpecularStrength, DiffuseStrength, Specularcolor Refectance의 기본값을 변경한 효과를 보여준다.

```
% 패치 객체의 핸들을 찾음
h=findobj(gca,'type','patch');

% 속성과 관계된 다양한 조명 설정
set(h,'FaceLighting','phong',...
    FaceColor',[1 1 0],...
    'EdgeColor','none',...
    'SpecularExponent',12,...
    'DiffuseStrength',1,...
    'SpecularStrength',5, ...
    'SpecularColorReflectance',.5);
```

데모 창의 뉴웰 찻주전자에 준 효과는 다음과 같다.

4. AmbientStrength와 AmbientLightColor의 기본값을 변경한 효과를 보여
   준다.

```
set(h,'AmbientStrength', 0.5,...
   'DiffuseStrength', 0.6,...
   'SpecularStrength',0.9,...
   'SpecularExponent',10,...
   'SpecularColorReflectance',1);

% 환경광 컬러는 축 객체 속성임
set(findobj(gca,'type','axes'),'AmbientLightColor', ...
   [1 0 1]);
```

데모 창의 뉴웰 찻주전자에 준 효과는 다음과 같다.

예제 분석

매트랩은 light 명령어로 광원을 생성할 수 있게 해준다. 매트랩의 렌더링 소프트웨어는 그래픽에 있는 대상 객체에 대한 광원의 영향을 결정한다. findobj(gca)를 실행하면 두 빛 객체에 대한 핸들을 식별하기 위해 객체의 유형을 확인한다. 그다음에는 빛 색상, 스타일과 위치 설정을 이해하기 위해 광원의 핸들로 객체 속성에 질의할 수 있다. Color는 빛 객체가 투사하는 밝기 색상을 결정한다. Style은 무한이나 국부에 있는 광원을 정의하고, Position은 무한 광원의 방향이나 국부 광원의 위치를 정의한다.

2단계에서는 조명 알고리즘과 보이는 대상 재질의 속성을 설정했다. 매트랩이 지원하는 세 가지 조명 알고리즘에는 플랫^{Flat}, 고라우드^{Gouraud}, 퐁^{Phong}이 있다. 깎인 면은 플랫 조명으로 시각화해야 하는 반면에 곡면은 고라우드나 퐁 조명으로 시각화해야 한다. 퐁은 렌더링할 때 화소 수준에서 반사율을 계산하기 때문에 아주 오래 걸리지만 가장 우수한 결과를 얻을 수 있다. 고라우드는 꼭지점에서 색상을 계산한 후, 모든 면에서 색상을 보간한다. material 명령어는 표면과 패치 객체의 표면 반사율 속성을 설정한다.

3단계에서는 대상 객체의 반사율 속성을 명시적으로 정의했다. 높은 반사 강도는 재질의 반사율을 개선한다. 높은 난반사 강도는 객체 밝기(더 많은 빛을 냄)를 만들지만, 표면이 거칠다고 추정할 만큼 이 효과가 밝지는 않다. 반사 지수가 높을수록 정반사로 인해 더욱 두드려져 눈부시게 빛난다. 색상 반사율은 비추는 색상을 어떤 것으로 추가할지 제어한다(객체의 참 색상과 다름).

4단계에서는 장면 내 모든 객체에서 균일하게 빛나는 방향성이 없는 빛인 환경광의 색상을 수정했다. 환경광을 제어하는 두 속성은 AmbientLightColor(색상을 설정하는 축 속성)와 AmbientStrength(대상 객체의 속성이자 특정 객체에 관한 환경광의 명도를 결정함)다. 백색광 객체가 있을 때 참 색상을 볼 수 있음을 주목하자. 그렇지 않다면 표시된 최종 색상을 만들도록 표면 객체 색상은 반짝거리는 빛의 색상과 상호 작용을 한다.

부연 설명

이 절에서는 **꼭지점 법선**vertex normal 효과와 **후면 조명**backface lighting 사용에 대한 두 가지 사안을 살펴본다.

꼭지선 법선 효과

VertexNormals는 패치와 표면 속성이며 객체의 각 꼭지점에 대한 법선 벡터를 포함한다. 매트랩은 조명 계산을 수행하기 위해 꼭지점 법선 벡터를 사용한다. 매트랩이 자동으로 데이터를 생성하는 동안에 자신만의 꼭지점 법선을 지정할 수도 있다. NormalMode 속성은 객체 데이터를 변경(자동)하거나 VertexNormals 속성의 현재 값을 사용(수동)할 때 매트랩이 꼭지점 법선을 재계산할지 결정한다. VertexNormals에 대한 값을 지정할 경우 매트랩이 수동으로 이 속성을 설정한다.

이번 예제는 빛나는 등위면^{isosurface}의 시각적 외관에 관한 서로 다른 표면 법선의 효과를 비교한다. 어떤 경우에는 등위면을 그릴 때 사용하는 삼각형의 법선을 정의한다. 다른 경우, `isonormals` 함수는 데이터 점의 기울기에 기반을 둔 꼭지점 법선을 계산할 때 데이터를 사용한다. 후자 방식은 일반적으로 매끄럽게 나타나는 등위면을 만든다.

```
% 일부 데이터 생성
x_lim=1-.01; y_lim=1-.01; z_lim=1-.01; step=.1;
x=[-x_lim:step:x_lim]; y=[-y_lim:step:y_lim];
z=[-z_lim:step:z_lim];
[x y z]=meshgrid(x,y,z);r=sqrt(x.^2+y.^2+z.^2);
r_s=.01;
w=2*sqrt(r_s*(r-r_s));
w = interp3(w,3,'cubic');
% 플롯 생성
subplot(1,2,1); p1 = patch(isosurface(w,.05),...
    FaceColor', [.8 .7 .5],'EdgeColor','none');

% 뷰 설정
view(3); daspect([1,1,1]); axis tight

% 조명 조정
camlight; camlight(-80,-10); lighting phong;
title('Triangle Normals')

% 등위법선 계산으로 플롯 생성
subplot(1,2,2); p2 = patch(isosurface(w,.05),...
    'FaceColor', [.8 .7 .5], 'EdgeColor','none');
isonormals(w,p2);

% 뷰 설정
view(3); daspect([1 1 1]); axis tight

% 조명 조정
camlight; camlight(-80,-10); lighting phong;
```

```
title('Data Normals')
```

결과는 다음과 같다.

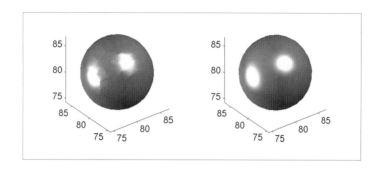

후면 조명 옵션 사용

후면 조명은 내면과 외면의 차이를 보여줄 때 유용하다. BackFaceLighting의 기본
값은 reverselit이다. 이 설정은 면이 카메라로부터 멀어진 꼭지점 법선의 방향을
뒤바꾸는데, 내부 표면이 카메라를 향해 빛을 반사하기 때문이다. BackFacelighting
을 unlit으로 설정하면 점이 카메라부터 멀어진 법선이 함께 있는 면의 조명을 비
활성화한다.

뉴웰 찻주전자에서 BackFacelighting 값의 차이에 따른 효과는 다음과 같다.

```
teapotdemo;
h=findobj(gca,'type','patch');
set(h,'BackFaceLighting','unlit');
```

결과는 다음과 같다.

Backface lighting = Unlit   Backface lighting = Lit   Backface lighting = Reverselit

예제 통찰

▶ 3D 데이터에 사실감을 부여할 때 조명 사용

▶ 깎인면 객체에는 플랫 조명 알고리즘을 사용하고, 곡면에는 고라우드나 퐁을 사용

▶ 3D 렌더링을 더 좋게 마무리하기 위해 데이터 점의 기울기에 기반을 둔 꼭지점 법
  선을 계산하는 isonormals 명령어 사용

참고 사항

이번 예제에서 접했던 material, light, isonormals, patch, camlight 명령어를 매
트랩 도움말에서 찾아보라.

뷰 제어

뷰는 그래픽에서 데이터를 관찰할 때 보기가 좋은 위치다. 그래프를 인지하는 방법
에 많은 영향을 끼친다. 종횡비aspect ratio, 회전이나 패닝panning에 관한 객체 조작 여
부와 축 제한이나 확대에 관한 관심 영역 정의 선택 여부 같은 여러 가지 인자로 뷰
를 어떻게 정의할지 안내한다. 이번 예제에서는 뷰를 제어하기 위한 일부 옵션과 사
례를 살펴보자.

준비

$W = 2\sqrt{\dfrac{r_s}{r-r_s}}$ 함수로 생성한 데이터를 사용한다. 데이터를 불러온다.

```
load viewCntrolDataSet
```

예제 구현

다음과 같이 단계별로 수행한다.

1. 방위각[azimuth]과 고도에 관한 뷰를 정의한다.

    ```
    surf(x,y,w); shading interp; view(38,26);
    ```

    결과는 다음과 같다.

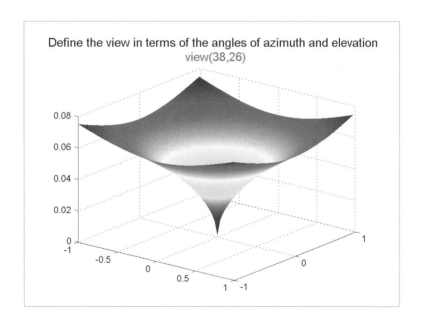

2. 데이터 종횡비를 지정해 뷰를 정의한다.

```
surf(x,y,w); shading interp; daspect([1 1 1]);
```

결과는 다음과 같다.

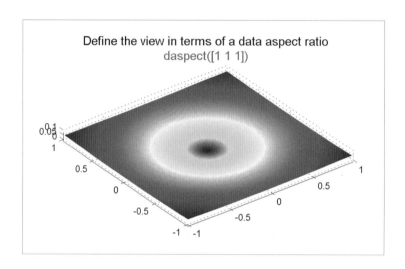

3. 카메라 위치를 지정해 뷰를 정의한다.

```
surf(x,y,w); shading interp;
campos([-13.7329 -10.5376 0.0642]);
```

결과는 다음과 같다.

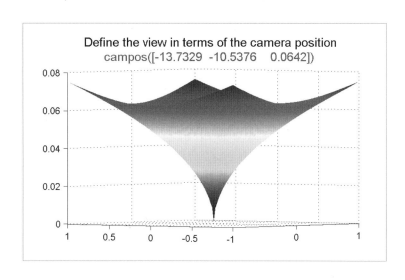

4. 카메라 높이 벡터를 지정해 뷰를 정의한다(수직으로 간주되는 것을 재정의).

```
surf(x,y,w); shading interp;
set(gca,'cameraUpVector',[-4 5 .5]);
```

결과는 다음과 같다.

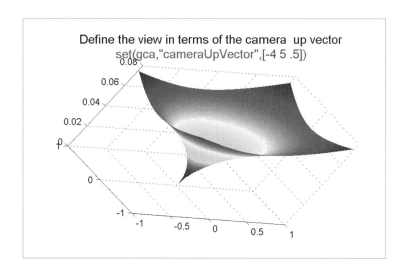

예제 분석

그래프의 **종횡비**는 주의 깊게 읽지 않는 사람들의 습관을 지나치게 강조하거나 악화시킬 수 있다. 0을 제외하거나 x, y와 z축 제한에 대해 지나치게 신중하게 선택하는 것도 같은 결과를 낳을 수 있다. 매트랩은 데이터에 대한 흥미로운 관점을 만들 때 활용할 수 있는 강력한 카메라 도구를 제공한다. 이와 같이 뷰는 그래픽 설계에 매우 중요한 구성 요소며, 데이터를 보는 사람의 **지각**에 영향을 주는 방법 중 하나다.

1단계에서는 **방위각**과 **고도**에 관련된 시점viewpoint을 지정했다. 시점을 지정하는 view 명령어로 3차원 공간의 점을 사용할 수도 있다. 방위각은 음수인 y축으로부터의 각도로 측정된 z축에 관한 수평 회전이다. 양수는 시점의 역시계방향 회전을 나타낸다. 고도는 x-y 평면으로부터의 각도로 측정된 시점의 수직 고도다. 고도의 양수는 객체 위의 움직임에 대응하는 반면 음수는 객체 아래의 움직임에 대응한다. 2단계에서는 x, y와 z축에 따른 데이터 단위의 상대적인 크기 조정인 데이터 종횡비와 관련된 뷰를 지정했다.

더불어 매트랩은 데이터 종횡비에 영향을 주는 axis 명령어를 제공한다. equal같이 유용한 여러 가지 설정이 있으며, equal은 x, y와 z축에서 동일한 크기(daspect([1 1 1]) 처럼)로 눈금 표식을 증분하기 위한 종횡비를 설정한다. 그래픽에 초점을 두기 위해 정확한 x, y와 z 좌표 제한을 지정할 수도 있다. axis에 대한 상세한 옵션은 매트랩 도움말을 참고하자.

3단계와 4단계에서는 그래프의 뷰에 직접 연결된 카메라 도구를 사용했다.

 예제 통찰

  ▶ 보는 사람의 지각에 영향을 주기 위해 그래프에 대한 시점이나 데이터 종횡비를 신중하게 선택해 사용

참고 사항

매트랩 도움말에서 view, axis, daspect, campos, cameraupvector 명령어를 찾아보라.

조명, 투명도, 뷰 간의 상호 작용

이번 예제에서는 4장에서 다뤘던 세 가지 시각화 관점인 빛, 투명도, 뷰를 합친다.

준비

이번 예제에서 4차원 공간 내 방향성이 없는 표면인 클라인 병을 살펴보자. 클라인 병은 일반적인 경계에 따라 두 뫼비우스 띠를 붙인 형태다. 클라인 병은 3차원 공간 안에서 교차 없이는 구성할 수 없다. 클라인 병을 구성하는 코드를 매트랩 도움말 문서에서 얻었다(이번 예제에 대해서는 소스 코드의 11~29행을 참조하자).

예제 구현

다음과 같이 단계별로 수행한다.

1. 축을 배치한다.

```
axes('position',[-.02 .12 1 .8]);
```

2. 표면 객체를 이용해 클라인 병의 두 구성 요소(몸체와 손잡이)를 구성한다.

```
handleHndl=surf(x1,y1,z1,X); shading interp;
hold on;
bulbHndl=surf(x2,y2,z2,Y);shading interp;
```

3. 색상 맵을 선언한 후, 색상 막대를 추가한다.

```
colormap(hsv);
colorbar('position',[0.9071 0.1238 0.0149 0.8000]);
```

4. 클라인 병의 몇몇 속성을 설정한다.

```
% 철사구조 선 색상을 회색으로 설정
set(handleHndl,'EdgeColor',[.5 .5 .5]);
set(bulbHndl,'EdgeColor',[.5 .5 .5])

% y 좌표에 비례하는 투명도 생성
set(handleHndl,'alphadata',y1,'facealpha','interp');
set(bulbHndl,'alphadata',y2,'facealpha','interp');
```

5. 뷰를 고정한다.

```
% 3D 객체를 회전시키고 늘려서 채우는 것을 재정의할 수 있도록 종횡비 속성 고정
axis vis3d

% 뷰 설정
view(13,-18);

% 축을 보이지 않게 함
axis off

% 특정 인자로 확대
zoom(1.4);
```

6. 데이터 좌표에 관해 정의된 위치가 함께 있는 두 광원을 추가한다.

```
light('Position',[.5 .5 .5]);
light('Position',[-.67 -.1 -.7]);
```

7. 주석을 추가한다.

```
h=annotation('textbox','position',[.06 .04 .95 .1],...
```

```
'String',{['The Klein Bottle with surface'...
' transparency proportional'],...
['to y coordinate. Two light sources have been'...
'used.']},'linestyle','none', 'fontsize',14);
```

결과는 다음과 같다.

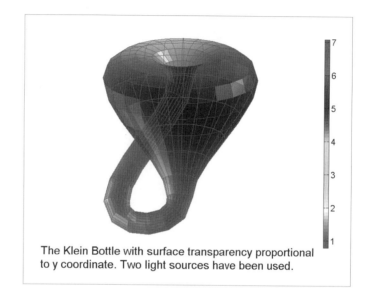

The Klein Bottle with surface transparency proportional
to y coordinate. Two light sources have been used.

8. 보는 사람에게 아주 가까이 있는 표면이 덜 투명하도록 카메라를 회전한다.

```
% 이전 주석 삭제
delete(h);
```

```
% 시점을 변경하기 위해 카메라 회전
campos([1.5017 14.2881 3.7572]);
```

```
% 새로운 주석 추가
annotation('textbox','position',[.06 .04 .95 .1],...
  'String',{['Less transparent surface brought '...
  'forward.']},'linestyle','none', 'fontsize',14);
```

결과는 다음과 같다.

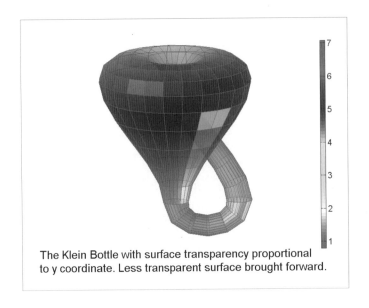

The Klein Bottle with surface transparency proportional
to y coordinate. Less transparent surface brought forward.

예제 분석

이번 예제에서는 조명, 투명도, 시점 간의 상호 작용에 중점을 두었다. 클라인 병은
기본적으로 3차원 독립적인 파라미터인 x, y, z와 surface 함수의 값을 갖는 4차원
데이터다. contour 함수를 코드화하기 위해 색상을 사용했다. 데이터의 내부에 숨겨
진 구조를 나타내기 위해 투명도를 사용했다. 현실적 렌더링을 생성하는 두 위치에
조명을 추가했다. 데이터 집합의 두 다른 뷰를 생성하는 뷰 제어를 실습했다. 확대하
기 위해 zoom 명령어를 확대 인자인 1.4와 함께 사용했음을 참고하자.

예제 통찰

▶ 숨겨진 구조를 나타낼 때 투명도 사용

▶ 연속적인 데이터를 코드화할 때 색상 사용

▶ 사실감을 추가할 때 조명 사용

▶ 그래픽을 최대한 유리하게 드러낼 때 뷰 제어 사용

참고 사항

매트랩 도움말에서 `view`, `axis`, `daspect`, `campos`, `cameraupvector`, `zoom` 명령어를 찾아보라.

5

빅 리그에서 3차원 데이터 출력 다루기

이 장에서 다루는 내용

- 3D 분산형 플롯
- slice(횡단면 뷰)
- isosurface, isonormals와 isocaps
- 흐름 단면
- 흐름선, 흐름 리본, 흐름관
- 기술을 조합한 스칼라와 벡터 데이터
- 카메라 모션으로 탐색

소개

3차원 데이터는 일종의 시각화에 대한 특별한 도전 과제다. 시각화는 필연적으로 2차원 평면에서 생기기 때문에 3D 데이터 공간을 탐색하는 특수한 기술을 사용해야 한다. 단면을 취한 후, 한 번에 한 단면을 시각화하거나 가장 바깥인 층 뒤에 있는 구조를 볼 수 있는 투명도를 사용하는 것은 3D 데이터 시각화에 사용되는 일반적인 기술의 일부다.

3D 데이터의 특수한 사례는 체적 데이터^{volumetric data}다. 체적 데이터는 스칼라나 벡터일 수 있다. **스칼라** 데이터는 크기만 가지며, 3D 격자에서 점 단위로 정의된다. **벡터** 데이터는 크기와 방향을 갖는다. 방향은 3차원 축 방향의 구성요소로 표현된다. 매트랩은 스칼라 데이터를 보기 위한 **등위면**, **흐름 단면**과 **등고선 단면** 사용을 지원한다. 벡터 데이터의 경우 매트랩은 **흐름선**(입자, 리본과 관)과 **원추 플롯**을 제공한다. 5장의 예제에서는 체적 데이터를 시각화하기 위한 기술을 조합해 사용한다.

3D 분산형 플롯

이번 예제에서는 3D **분산형 플롯**의 개념을 살펴본다.

준비

이번 예제의 데이터는 3D 격자 구조의 각 점마다 계산된 전자 도약 확률을 나타내는 3D 행렬로 구성돼 있다. 데이터를 불러온다.

```
load latticeExample
```

예제 구현

다음과 같이 단계별로 수행한다.

1. 데이터의 기본 분산형 플롯 뷰를 구성하기 위해 3D 분산형 플롯을 사용한다.

```
% x, y와 z 행렬을 폄
xx = x(:);yy = y(:);zz = z(:);

% 0이 아닌 점 찾기
a = find(T~=0);

% 분산형 플롯을 이용해 0이 아닌 점을 플롯
% 기호 색상과 크기 모두를 나타내는 T값 사용
scatter3(xx(a),yy(a),zz(a),1000*T(a),T(a),'filled');

% 뷰 설정
view(3);
campos([ -7.8874 -217.1200 13.7208]);

% 확률 값을 읽기 위해 colorbar 추가
h=colorbar;set(get(h,'ylabel'),'String','Probability');

% 주석 추가
ylabel('Lattice Y');
xlabel('Lattice X');
zlabel('Lattice Z');
title('3D Scatter plot with probability values');
grid on; box on;
```

결과는 다음과 같다.

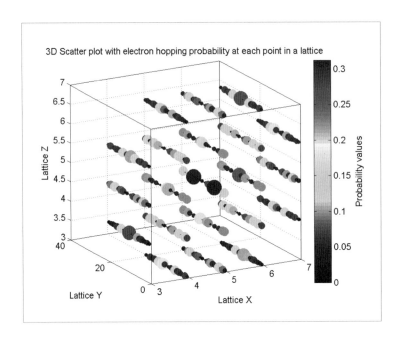

2. 그다음에는 분자 간의 상호 작용을 나타내기 위해 각 격자 점에 구름을 생성한다. 다음과 같이 가우시안 커널로 작업한다.

```
data = smooth3(TB_Eigen,'gaussian');

% 부드러워진 데이터를 품
d = data(:);
```

3. 상호 작용 크기를 표현하기 위해 컬러를 사용한다. 색상 맵을 조회해 각 점에 대한 색상 값을 생성한다.

```
idx = find(d~=0);
cmapH(:,1:3) = colormap;
cmin=min(5*d(idx));cmax=max(5*d(idx));
caxis([cmin cmax]);
Cidxs = fix((5*d(idx)-cmin)/(cmax-cmin)*length(cmapH))+1;
```

```
Cidxs(find(Cidxs>64))=64;
```

4. 또한 상호 작용 크기를 표현하기 위해 투명도를 사용한다. 알파 맵을 조회
   해 각 점에 대한 알파 값을 생성한다.

```
% 알파 맵 생성(100 수준으로)
amapH = linspace(0,1,100);

% 알파 맵을 반전한 후, 가장 투명한 최댓값을 만듦
amapH = amapH(end:-1:1);

amin=min(d(idx));amax=max(d(idx));
Aidxs = fix((d(idx)-amin)/(amax-amin)*length(amapH))+1;
Aidxs(find(Aidxs>100))=100;
```

5. x, y, z의 해당 위치에서 r 반경을 갖는 기포를 만들기 위해 3차원 기포 플
   로터[bubbleplotter]인 bubbleplot3(x,y,z,r,c,alpha)를 호출한다. c 변수는 색상인
   RGB 삼중이다. 알파 데이터는 각 기포의 투명도 값을 제공한다.

```
figure('units','normalized','position',...
   [.24 .28 .41 .63]);
bubbleplot3(xx(idx),yy(idx),zz(idx),5*d(idx),...
   cmapH(Cidxs,:),amapH(Aidxs));
```

6. 뷰를 설정한다.

```
view(3);
axis([min(xx) max(xx) min(yy) max(yy) min(zz) max(zz)]);
box on;
campos([-80.6524 -54.7234 44.2951]);
zoom(1.2);
```

7. 주석을 추가한다.

```
ylabel('Lattice Y','Fontsize',14);
xlabel('Lattice X','Fontsize',14);
```

```
zlabel('Lattice Z','Fontsize',14);
title({['3D scatter plot with electron hopping '...
   'probability cloud at each point in a lattice.'],...
   ['Probability directly proportional to cloud size'...
   ' and color;'],['inversely proportional to'...
   ' transparency.'],''},'Fontsize',14);
h=colorbar('location','SouthOutside','position',...
   [ 0.1286 0.0552 0.7750 0.0172]);
set(get(h,'title'),'string',...
   'Probability value color key');
```

결과는 다음과 같다.

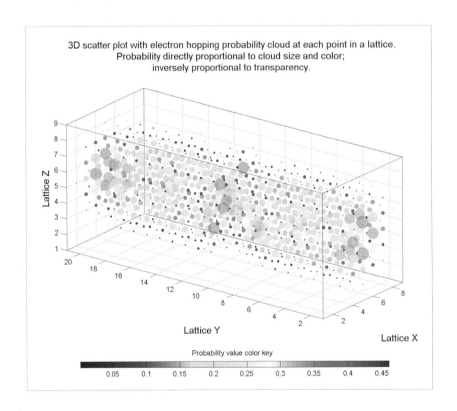

예제 분석

scatter3은 일반 분산형 플롯의 3D 아날로그며, 3차원의 이산 데이터 점을 표시할 때 흔히 사용된다.

사용자 정의 함수인 bubbleplot3을 사용했으며, 피터 보딘[Peter Bodin]이 매트랩 파일 익스체인지에 투고한 것을 개작했다. 이 함수는 제공된 x, y와 z 좌표를 받아들일 뿐만 아니라 각 점을 표현하기 위해 그려질 구의 반경과 각 점에 사용될 색상과 투명도 값도 받는다. 구의 색상과 크기 모두에 확률 데이터를 사용했다. 투명도 값을 설정하기 위해 반전한 확률 데이터를 사용했다. 3단계와 4단계에서 색상 맵과 사용자 정의 알파 맵으로부터 색상과 투명도 값을 둘 다 직접 추출했다.

예제 통찰

▶ 3D의 흩어진 점을 표현할 때 3D 분산형 플롯 사용
▶ 덧붙여 데이터의 다른 차원을 코드화할 때 흩어진 점의 색상, 모양, 크기와 투명도를 사용할 수 있다. 다만 1장과 2장을 상기하자. 이런 속성은 시각화 속성 목록의 상단에 있지 않다.

참고 사항

매트랩 도움말에서 view, axis, daspect, campos, cameraupvector 명령어를 찾아보라.

slice(횡단면 뷰)

이번 예제에서는 3D 데이터 집합 구조를 이해하기 위해 횡단면[cross section] 혹은 3D 데이터 집합의 **단면**[slice]을 시각화한다.

준비

인간의 뇌 자기공명영상^{MRI} 데이터 집합을 사용하며 이는 매트랩에 포함돼 있다. 데이터를 불러온다.

```
load mri
```

예제 구현

다음과 같이 단계별로 수행한다.

1. MRI 데이터인 D는 128×128×1×27 배열로 저장돼 있다. 세 번째 배열 차원은 정보가 없으므로 squeeze 명령어를 이용해 제거할 수 있다.

   ```
   D = squeeze(D);
   ```

2. 수평 단면을 생성한다.

   ```
   % 그림창 배치, 데이터 집합에 수록된 colormap 사용
   figure('units','normalized','position',...
      [0.3016 0.3556 0.3438 0.5500],'Colormap',map);

   % 축 위치 선택
   axes('position',[0.1300 0.2295 0.7750 0.8150]);

   % 수평 단면 보기
   whichSlices = 3:5:27;
   h=slice(1:128,1:128,1:27,double(D),[],[],whichSlices);
   shading interp;

   % alphadata = data로 설정
   % 배경 영상으로부터 색상만 표백하기 위해 상위 alim에 낮은 값 설정
   for i =1:length(h)
      set(h(i),'alphadata',double(D(:,:,whichSlices(i))),...
   ```

```
  'facealpha','interp');alim([0 2]);
end
```

% 뷰 설정
```
zoom(1.2);campos([-706 -778 111]);axis off;
zlim([1 25]);
```

% 주석 달기
```
annotation('textbox',[.05 .07 .9 .1],'String',...
  {['Horizontal \color{red} slice \color{black} views '...
  'from MRI dataset.']},'fontsize',14,'linestyle','none');
```

결과는 다음과 같다.

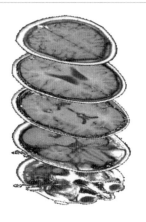

Horizontal slice views from the MRI dataset. Visual uses transparency to hide extreme low values that would otherwise showup in black

3. 조합한 단면을 살펴본다.

```
% colormap 뽑기, 낮은 값이 밝은 색이 되도록 반전
m=colormap('jet');m = m(end:-1:1,:);colormap(m);

% 단면화
h=slice(1:128,1:128,1:27,double(D),90,50,[1 15]);
shading interp; axis tight;

% 낮은 값이 보이지 않도록 투명도 설정
set(h(1),'alphadata',squeeze(double(D(90,:,:))),...
  'facealpha','interp'); alim([0 2])
set(h(2),'alphadata',squeeze(double(D(:,50,:))),...
  'facealpha','interp'); alim([0 2])
set(h(3),'alphadata',squeeze(double(D(:,:,1))),...
  'facealpha','interp'); alim([0 2])
set(h(4),'alphadata',squeeze(double(D(:,:,15))),...
  'facealpha','interp'); alim([0 2])

% 뷰 설정
daspect([128 128 27]);
zoom(1.3);
campos([-637 366 177]);
axis off;

% 주석 달기
colorbar('location','southoutside',...
  'position',[.08 .07 .83 .02]);
annotation('textbox',[.24 .88 .9 .1],'String',...
  ['Combination of \color{red} slice \color{black}'...
  'views using MRI dataset. '],'fontsize',14,...
  'linestyle','none');
```

결과는 다음과 같다.

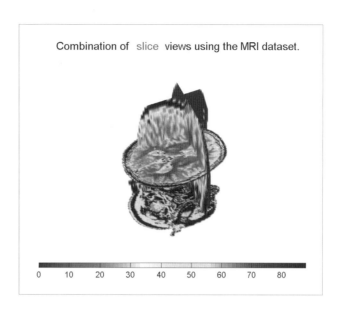

Combination of slice views using the MRI dataset.

4. 각도에 따른 단면을 생성한다.

```
figure('Colormap',map);hold on;view(3);

% 단면과 회전 정의
hslice = slice(1:128,1:128,1:27,double(D),[],[],15);
shading interp; axis tight;
rotate(hslice,[-1,0,0],-35);

% 회전한 단면에서 x, y와 z 데이터를 추출한 후 제거
xd1 = get(hslice,'XData');
yd1 = get(hslice,'YData');
zd1 = get(hslice,'ZData');
delete(hslice);

% slice 함수를 추출한 데이터와 함께 호출
h=slice(1:128,1:128,1:27,double(D),xd1,yd1,zd1);
shading interp; axis tight;

% 데이터 값에 일치하는 투명도 설정
```

```
set(h,'alphadata',squeeze(double(D(:,:,15)))),...
  'facealpha','interp'); alim([0 2])
```

% 두 다른 수평 단면 선언
```
slices h=slice(1:128,1:128,1:27,double(D),[],[],[1 18]);
shading interp; axis tight;
```

% 추가한 단면에 대한 투명도 설정
```
set(h(1),'alphadata',squeeze(double(D(:,:,1)))),...
  'facealpha','interp'); alim([0 2])
set(h(2),'alphadata',squeeze(double(D(:,:,18)))),...
  'facealpha','interp'); alim([0 2])
```

% 뷰 설정
```
zlim([1 27]);box on;
campos([-710.945 617.6196 126.5833]);
```

% 주석 달기
```
title('Using a tilted planewith MRI dataset');
```

결과는 다음과 같다.

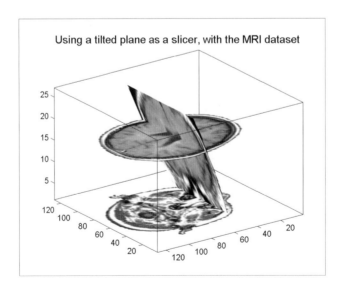

5. 비평면 표면을 슬라이서로 이용한다.

```
% 경계 단면 추가
h=slice(1:128,1:128,1:27,double(D),[],[],[1 13 18]);
shading interp; axis tight; hold on;

% 투명도 설정
set(h(1),'alphadata',squeeze(double(D(:,:,1))),...
   'facealpha','interp'); alim([0 2])
set(h(2),'alphadata',squeeze(double(D(:,:,13))), ...
   'facealpha','interp'); alim([0 2])
set(h(3),'alphadata',squeeze(double(D(:,:,18))), ...
   'facealpha','interp'); alim([0 2])

% 투영하려는 표면 생성
% 데이터 영역을 포함하도록 이 표면을 크기 조정하고 회전
[xsp,ysp,zsp] = sphere;
hsp = surface(30*xsp+60,30*ysp+60,10*zsp+13);

% 데이터를 얻음
xd = get(hsp,'XData');
yd = get(hsp,'YData');
zd = get(hsp,'ZData');

% 임시 표면 삭제
delete(hsp);

% slice 명령어의 일부로 표면 플롯
hslicer = slice(1:128,1:128,1:27,squeeze(double(D)),...
   xd,yd,zd);shading interp;

% 뷰 설정
axis tight
view(-103.5,28);

% 주석 달기
title('Use of non-planar surface as a slicer',...
   'fontsize',14);
```

결과는 다음과 같다.

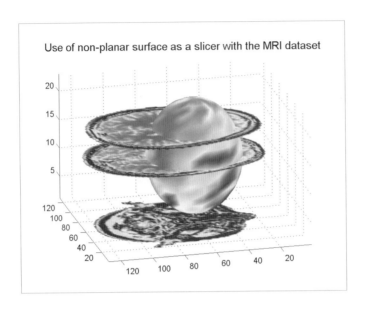

예제 분석

이번 예제는 데이터의 구조를 나타내기 위해 체계적인 횡단면을 플롯하는 방법을
보여준다. 체적 데이터 공간을 잘라낸 평면과 비평면 표면 간의 조합을 사용했다. 비
평면이나 수직 단면의 경우 slice 명령어를 사용해 플롯하기 전에 표면 객체에서
x, y, z 데이터를 추출해야 한다는 것에 주목하자. 단면화는 3D 데이터 집합을 탐색
하는 강력한 도구다.

부연 설명

이 절에는 3D 데이터를 시각화할 때 GUI의 세 슬라이더로 단면 위치를 제어하는 함
수를 다룬다. 로렌 슈어Loren Shure가 체적 시각화에 관련된 매트랩 파일 익스체인지에
투고한 것을 개작했다. 다음과 같이 MRI 데이터로 시각화를 초기화하고 UI 제어 요

소를 추가하는 단계를 수행한다. 발췌한 다음 코드는 한 슬라이더와 연관된 레이블을 추가하는 방법을 보여준다. 다른 두 슬라이더와 레이블을 추가하기 위해 이번 예제의 소스 코드에 있는 139~163행을 실행한다.

```
% 데이터로 시각화를 초기화
s = volumeVisualization(1:128,1:128,1:27,double(D));

% x(와 레이블)에 대한 uicontrol 추가
annotation('textbox',[.75,.1388,.06,.05],'String','X',...
    'fontweight','bold','linestyle','none');

hSliderx = uicontrol(...
    'Units','normalized', ...
    'Position',[.79 .13 .2 .05], ...
    'Style','slider', ...
    'Min',s.xMin, ...
    'Max',s.xMax, ...
    'Value',s.xMin, ...
    'tag','x',...
    'userdata',s,...
    'Callback',@volVisSlicesUpdateSliderPosition);
```

volumeVisualization 함수는 입력 파라미터 x, y, z와 v를 취하며, 여기서 x, y, z는 좌표고, v는 각 좌표 위치에 놓인 3D 데이터 집합 값이다. 이름 그대로 외부 GUI의 각 슬라이더 현재 값으로 정의한 위치에 단면을 추가하는 기능이 있는 세 멤버 함수인 addSlicePlanex, addSlicePlaney와 addSlicePlanez를 갖는 구조를 반환한다. 또한 추가된 마지막 단면 평면을 삭제하는 네 번째 멤버 함수인 deleteLastSlicePLane에 대한 핸들을 제공한다. 슬라이더와 관련된 **콜백** 함수인 volVisSlicesUpdateSliderPosition는 사용자 입력에 기반을 두고 필요에 따라 volumeVisualization이 제공하는 함수 집합을 호출하는 코드를 갖는다. 7장의 '대화형 그래픽과 애니메이션 생성'에서 대화형 그래픽 생성에 관한 개념을 상세하게 다룬다. 콜백 함수에 대해 자세하게 알아보려면 7장을 참조하자.

결과는 다음과 같다.

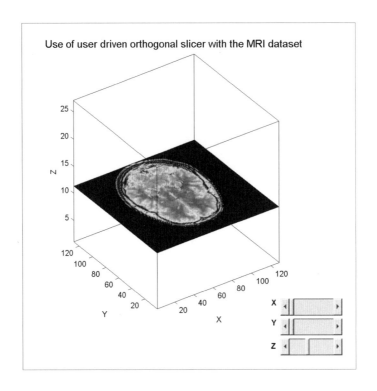

 예제 통찰

- ▶ 3D 데이터의 구조를 조사할 때 다양한 방향을 갖는 단면 계열 사용
- ▶ 사용자가 관심 영역을 쉽게 찾기 위해 대화형 설계 사용
- ▶ 단면에 대한 표면 투명도와 정보 시각화를 최대화하기 위해 뷰 제어 사용

참고 사항

매트랩 도움말에서 slice, contourslice, campos, squeeze 명령어를 찾아보라.

isosurface, isonormals, isocaps

등위면은 같은 크기의 점을 결합한 표면이다. 등위면은 등고선의 2D 아날로그다. 이번 예제에서는 등위면과 3D 시각화에 등위면을 사용하는 방법을 살펴본다.

준비

매트랩을 설치할 때 딸려 있는 MRI 데이터 집합을 한 번 더 사용한다. 데이터를 불러온다.

```
load mri
D = squeeze(D);
```

예제 구현

다음과 같이 단계별로 수행한다.

1. isosurface과 MRI 판을 이용해 인간 얼굴을 구성한다. 3차원 스무딩은 인간 얼굴을 표현하기 위해 부드러운 표면을 생성한다. 일반적인 피부 톤에 어울리는 패치 색상을 선택했다.

   ```
   % 사전 정의된 색상 맵과 함께 그림창 생성
   figure('Colormap',map)

   % 데이터를 부드럽게 처리
   Ds = smooth3(D);

   % 등위면 생성, 영상을 재구성하는 패치 사용
   % 일반적인 피부 톤에 맞는 얼굴 색상 선택
   hiso = patch(isosurface(Ds,5),...
       'FaceColor',[1,.75,.65],...
       'EdgeColor','none');
   ```

2. 표면 요소의 실제 값인 기울기 값을 기반으로 isonormals를 구성한다.

```
isonormals(Ds,hiso);
```

3. 뷰를 조정한다.

```
view(35,30);
axis tight;
daspect([1,1,.4]);
```

4. 현실적인 렌더링을 생성하기 위해 조명을 조절한다.

```
lightangle(45,30);
lighting phong
```

결과는 다음과 같다.

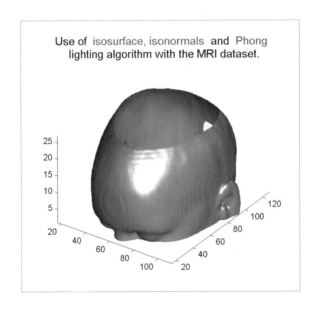

5. 잘라낸 단면 효과를 만들기 위해 isocap을 추가한다.

```
hcap = patch(isocaps(D,5),...
```

```
'FaceColor','interp',...
'EdgeColor','none');
```

6. 현실적인 렌더링을 생성하기 위해 한 번 더 조명 파라미터를 조정한다. 이번에는 반사광을 줄인다.

```
set(hcap,'AmbientStrength',.6)
set(hiso,'SpecularColorReflectance',0,...
    'SpecularExponent',50);
```

결과는 다음과 같다.

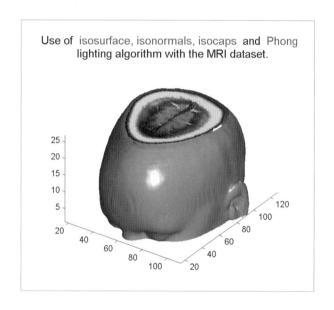

예제 분석

MRI 영상에 스칼라 데이터가 들어 있다. isosurface(등위면), isocaps(잘라낸 단면 효과), 카메라 위치, 조명 효과 사용 같은 여러 가지 기술을 활용해 데이터에 생동감을 부여한다.

부연 설명

slice 함수를 다룬 이전 예제의 데이터 탐색에 대한 사용자 대화형 패러다임을 여기서는 **등위면**으로 확장했다. volumeVisualization_isosurface 함수는 입력 파라미터 x, y, z와 v를 취하며, 이때 x, y, z는 좌표고 v는 각 좌표 위치에 놓인 3D 데이터 집합 값이다. 두 멤버 함수가 함께 있는 구조를 반환하는데, 하나는 plotIsoSurface며 이름 그대로 외부 GUI의 각 슬라이더 현재 값으로 정의한 위치에 등위면을 추가하도록 처리하는 기능이 있다. 또한 추가된 마지막 등위면을 삭제하는 deleteIsoSurface에 대한 핸들을 제공한다. 슬라이더와 관련된 **콜백** 함수인 volVisIsoSurfaceUpdateSliderPosition은 사용자 입력에 기반을 두고 필요에 따라 volumeVisualization_isosurface가 제공하는 함수 집합을 호출하는 코드를 갖는다. 7장의 '대화형 그래픽과 애니메이션 생성'에서 대화형 그래픽 생성에 관한 개념을 상세하게 다룬다. 콜백 함수에 대해 자세하게 알아보려면 7장을 참조하자.

결과는 다음과 같다.

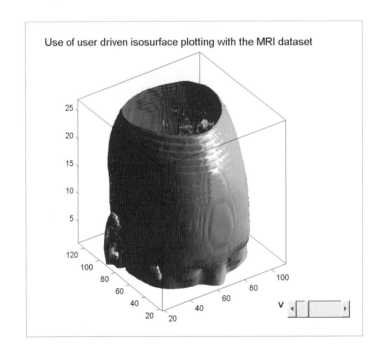

예제 통찰

▶ 현실적 3D 시각화를 생성할 때 isosurface, isonormals, isocaps를 사용

▶ 사용자가 관심 영역을 쉽게 찾기 위해 대화형 설계 사용

참고 사항

매트랩 도움말에서 isonormals, isosurface, isocaps, patch 명령어를 찾아보라.

흐름 단면

벡터 데이터는 크기뿐만 아니라 방향을 보여줘야 한다. 각 점에 표시할 추가적인 데이터 차원이 필요하므로 지금까지 입증했던 기술에 대한 도전 과제를 제시한다. 매트랩은 각 위치의 방향을 보여주기 위해 단면에 **흐름선**stream line을 그리는 기능을 제공한다.

준비

이번 예제에서는 전기 쌍극자에서 나온 데이터를 사용한다. 3D 공간의 쌍극자 안테나로 생성한 전기장을 계산한 후, 매트랩 함수인 streamslice를 이용해 이 전기장을 시각화한다. 데이터를 생성하는 예제의 소스 코드에 있는 12~24행을 실행한다.

예제 구현

다음과 같이 단계별로 수행한다.

1. 매트랩 명령어 streamslice를 이용해 데이터를 플롯한다.

```
streamslice(x,y,z,E_ang_x,E_ang_y,E_ang_z,...
  [-.3 .1],[],[]);
```

2. 뷰를 설정한다.

```
campos([-3,-15,5]);
box on
```

3. 회색 배경에 검은색 축을 표기하도록 설정한다.

```
set(gca,'Color',[.8,.8,.8] ,'XColor','black', ...
  'YColor','black','ZColor','black');
```

결과는 다음과 같다.

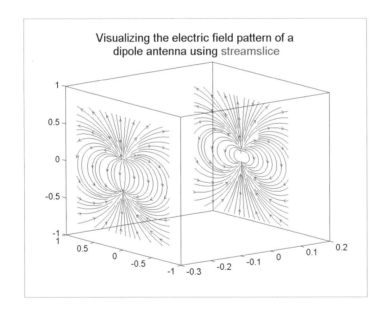

216

예제 분석

전기장은 벡터 데이터 집합이다. 즉 이 데이터는 크기와 방향 둘 다 가진다. 방향은 방향 벡터의 x, y와 z 성분을 나타내는 세 가지의 다른 숫자로 표현된다. 벡터 데이터를 보여주기 위해 매트랩 명령어 streamslice를 사용했다. 이번 경우 단면은 x=-0.3 과 x=0.1에 위치한다. 빈 행렬은 모든 점이 축에 따라 반드시 사용해야 함을 암시한다. streamslice는 slice 명령어와 비슷하게 작동한다. 정보를 표시할 특정 평면을 추출한다. 등고선은 streamlines를 사용해 벡터 데이터를 그린다.

예제 통찰

▶ 3D 벡터 데이터 집합의 구조를 조사할 때 흐름선 사용

참고 사항

매트랩 도움말에서 streamslice와 streamlines 명령어를 찾아보라.

흐름선, 흐름 리본, 흐름관

매트랩은 3D 벡터장의 흐름도를 묘사하는 다양한 흐름 플롯(흐름선, 흐름 리본, 흐름관, 원추)을 제공한다.

준비

해당 함수를 살펴보기 위해 매트랩 설치할 때 수록된 wind 데이터 집합을 사용한다. 데이터를 불러온다.

```
load wind
```

예제 구현

다음과 같이 단계별로 수행한다.

1. streamlines의 시작점을 정의한다.

   ```
   [sx sy sz] = meshgrid(80, 20:10:50, 0:4:16);
   plot3(sx(:),sy(:),sz(:),'bo','MarkerFaceColor','b');
   hold on;
   ```

2. 굵기와 색상을 사용자 정의한 흐름선을 플롯한다.

   ```
   h=streamline(x,y,z,u,v,w,sx(:),sy(:),sz(:));
   set(h,'linewidth',2','color',[1 0 0]);
   ```

3. 뷰를 설정한다.

   ```
   axis(volumebounds(x,y,z,u,v,w)) grid;
   box; daspect([2.5 3 1.5]);
   ```

   결과는 다음 그림과 같다.

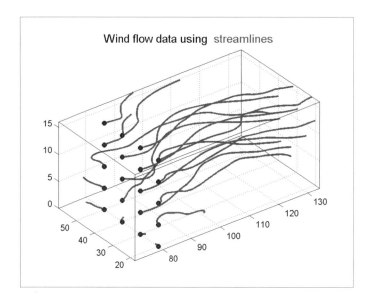

218

4. 벡터 데이터인 회전을 계산한다. 풍속은 스칼라 데이터다.

```
cav = curl(x,y,z,u,v,w);
wind_speed = sqrt(u.^2 + v.^2 + w.^2);
```

5. 흐름 리본을 시작해야 하는 정점을 생성한다. 흐름선을 생성하기 위해 stream3 명령어를 이용한다.

```
[sx sy sz] = meshgrid(80,20:10:50,0:4:16);
verts = stream3(x,y,z,u,v,w,sx,sy,sz,1);
```

6. 사용자 정의한 유선 리본을 플롯한다. 시각화를 향상하기 위해 너비 인자를 2로 설정했다. 면 색상은 녹색으로, 가장자리 색상은 회색으로, 환경광 강도는 0.6으로 설정한다.

```
h = streamribbon(verts,x,y,z,cav,wind_speed,2);
set(h,'FaceColor','g',...
    'EdgeColor',[.7 .7 .7], 'AmbientStrength',.6);
```

7. 플롯에 대한 뷰를 설정한다(조명 파라미터 포함).

```
axis(volumebounds(x,y,z,wind_speed))
grid on;
view(3)
camlight left;
lighting phong;
```

결과는 다음 그림과 같다.

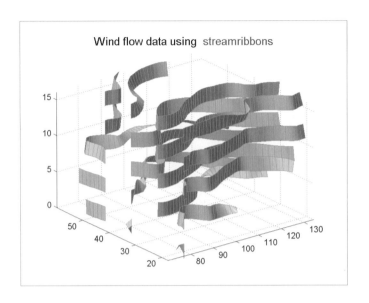

Wind flow data using streamribbons

8. `streamtubes`를 사용해 이 벡터 데이터의 발산을 보여준다. 동일한 흐름선
의 정점(혹은 시작점)을 사용한다.

```
div = divergence(x,y,z,u,v,w);
```

9. 흐름을 계산하기 위해 `stream3`을 사용한 후, 관으로 플롯한다.

```
[sx sy sz] = meshgrid(80,20:10:50,0:4:16);
verts = stream3(x,y,z,u,v,w,sx,sy,sz,1);
```

10. 흐름관을 플롯한다.

```
h=streamtube(verts,x,y,z,div);
shading interp;
```

11. 플롯에 대한 뷰를 설정한다(조명 파라미터 포함).

```
daspect([1 1 1]);axis tight
grid on;view(3);
camlight; lighting gouraud
```

결과는 다음 그림과 같다.

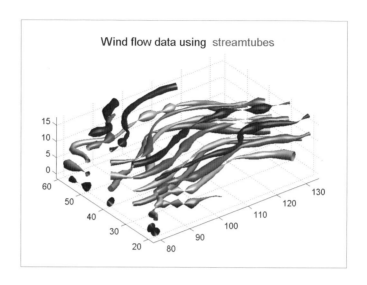

예제 분석

벡터 데이터는 크기와 방향을 갖는다. 흐름 명령어는 방향을 시각화하는 방법을 제공한다. u, v, w 벡터는 streamline에 주어진 임의 점과 접선이다. 흐름의 주요 방향과 데이터 좌표의 범위 같은 데이터 특성에 대한 일부 선수 지식은 흐름선의 시작점을 선택할 때 도움이 된다.

색상, 굵기와 다른 속성은 추가적인 정보를 표현할 때 사용할 수 있다. 앞서 6단계에서 이미 해봤는데, 리본 모양인 흐름선의 휨에 비례한 흐름 축 정보에 관한 회전을 표현했다.

 예제 통찰

▶ 3D 벡터 데이터 집합의 구조를 조사할 때 흐름선, 흐름 리본, 흐름관 사용

참고 사항

매트랩 도움말에서 streamline, stream3, streamtube, volumebounds 명령어를 찾아보라.

기술을 조합한 스칼라와 벡터 데이터

향상된 시각화를 생성하는 **등위면**, **등위법선** 계산, **조명** 파라미터 고려, **뷰** 각도 고려, **투명도**, **등고선 단면**, **흐름선**, **흐름관**, **원추** 플롯 사용 같은 다양한 기술 조합 방법을 보여주기 위해 이번 예제를 구성했다.

준비

여러 함수를 살펴보기 위해 매트랩을 설치할 때 수록된 wind 데이터 집합을 사용한다. 데이터로부터 일부 추가 변수를 생성한다.

```
load wind
wind_speed = sqrt(u.^2 + v.^2 + w.^2);
xmin = min(x(:));xmax = max(x(:));
ymax = max(y(:));ymin = min(y(:));
```

예제 구현

다음과 같이 단계별로 수행한다.

1. isocaps로 풍속이 40인 등위면을 생성한다. isocaps는 표면을 잘라낸 효과를 만들며, 평면의 값 분포를 나타낸다.

```
% isosurface 추가
p = patch(isosurface(x,y,z,wind_speed, 40));
```

```
% 부드러운 표면을 위해 isonormals 사용
isonormals(x,y,z,wind_speed, p);

% facecolor를 빨강으로 하고 가장자리 표식이 없도록 설정
set(p, 'FaceColor', 'red', 'EdgeColor', 'none');

% isocaps 추가
p2 = patch(isocaps(x,y,z,wind_speed, 40));
set(p2, 'FaceColor', 'interp', 'EdgeColor', 'none')
```

2. 뷰를 설정한다.

```
box on;camproj perspective;
axis(volumebounds(x,y,z,wind_speed))
campos([ -203.7953 253.0409 129.3906]);
daspect([1 1 1]);
lighting phong;
```

결과는 다음과 같다.

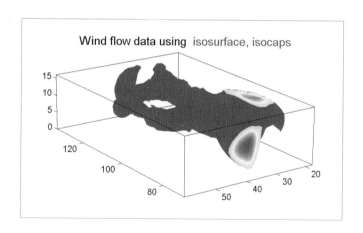

3. 두 후벽에 **등고선 단면**을 그린다. 등고선을 대략적으로 볼 수 있도록 하기 위해 등위면의 투명도를 변경한다.

```
% 데이터로부터 최댓값 y에 한 단면을 생성하고 색상 추가
hold on;hslice = slice(x,y,z,wind_speed,xmax,ymin,[]);
set(hslice,'FaceColor','interp','EdgeColor','none')

% 등고선을 대략적으로 볼 수 있도록 만들기 위해
% 등위면의 투명도 변경
alpha(0.7);
color_lim = caxis;

% 단면에 등고선 간격 추가
cont_intervals = linspace(color_lim(1),color_lim(2),17);
hcont = contourslice(x,y,z,wind_speed,xmax,ymin,...
   [],cont_intervals,'linear');
set(hcont,'EdgeColor',[.4 .4 .4],'LineWidth',1);
```

결과는 다음과 같다.

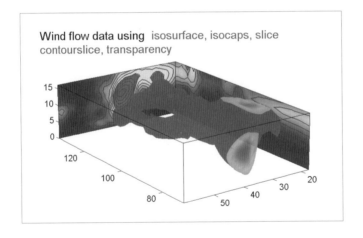

4. 풍향을 원추 플롯에 나타낸다.

```
% 방향 계산
[f verts] = reducepatch(isosurface(...
   x,y,z,wind_speed,30),.2);
```

```
% 여러 원추를 플롯
h=coneplot(x,y,z,u,v,w,verts(:,1),verts(:,2),...
   verts(:,3),2);
set(h, 'Facecolor', 'cyan','EdgeColor', 'none');
```

결과는 다음과 같다.

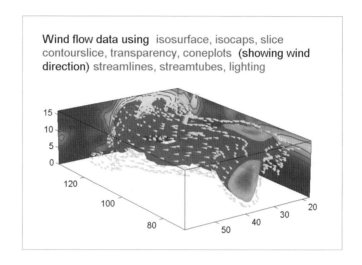

5. 회색인 한 쪽에 흐름선을 추가하고, 하단 평면에 흐름관을 추가한다. 추가
   한 조명 파라미터는 장면을 생동감 있게 만든다는 것에 주목하자.

```
% 흐름선 경로 계산
[sx sy sz] = meshgrid(120:6:130, 50:2:60, 0:5:15);

% streamlines 추가
h2=streamline(x,y,z,u,v,w,sx,sy,sz);
set(h2, 'Color', [.6 .6 .6],'Linewidth',1);

% 흐름선 경로 계산
[sx,sy,sz] = meshgrid(xmin:10:xmax,ymin:10:ymax,0:2);

% streamtubes 추가
htubes = streamtube(x,y,z,u,v,w,sx,sy,sz,[.5 20]);
```

```
set(htubes,'EdgeColor','none','facecolor',[.2 .5 .2],...
   'AmbientStrength',.5)

% 조명 파라미터 설정
camlight left;
camlight right;
lighting Gouraud;
```

결과는 다음과 같다.

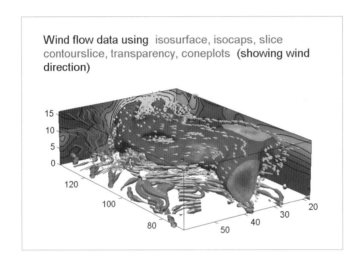

예제 분석

많은 체적 시각화 기술을 함께 사용함으로써 바람 데이터에 대한 더 개선된 시각화를 만들어냈다. 이번 경우 isosurface부터 시작해서 정점 데이터를 이용해 등위법선을 계산하는 isonormals 명령어를 사용했으므로, 최종적으로 부드러운 표면을 얻을 수 있었다. 잘라낸 효과를 만드는 isocaps를 추가했다. 시각적인 두 벽으로 구성하는 contourslices를 보기 위해 표면의 투명도에 영향을 주는 alpha를 변경했다. 발산을 보여주는 coneplot를 추가했고, 데이터 블록의 일부에서 흐름을 시각화하는 streamline과 streamtube는 등위면을 메우지 않는다. 뷰를 설정하기 위해 lighting과 카메라 각도 위치를 사용했다. 이런 기술의 조합은 3D 데이터 집합을 좀 더 효율적으로 살펴볼 수 있게 한다.

예제 통찰

▶ 3D 데이터 집합을 살펴볼 때 기술 조합 사용

참고 사항

매트랩 도움말에서 slice, contourslice, alpha, camera, streamline, stream3, streamtube, volumebounds 명령어를 찾아보라.

카메라 모션으로 탐색

매트랩은 다양한 카메라 제어 도구를 제공한다. 데이터의 물체 주위에 뷰 위치를 이동하고, 데이터의 물체를 따라가거나 혹은 탐색하기 위해 데이터의 물체 내부에 바로 들어가는 것을 가능하게 한다. 이번 예제에서는 3D 데이터 집합용 데이터 탐색 영화를 만들기 위한 시점 이동을 프로그래밍으로 시연한다.

준비

매트랩 설치 시 포함돼 있는 flow 데이터 집합을 사용한다. 다음과 같이 명령행에서 생성한다.

```
[x y z v] = flow;
```

예제 구현

다음과 같이 단계별로 수행한다.

1. 등위면을 생성한다. 핸들을 탐색할 수 있는 `patch` 명령어를 사용한 후, 핸들들의 일부 속성을 변경한다.

```
p = patch(isosurface(x,y,z,v,-2));
set(p,'FaceColor','red','EdgeColor','none');
```

2. 카메라 투영을 `perspective`로 설정한다(멀리 있는 객체를 크기가 작게 나타나게 해볼 수 있는 일반적인 방법이다).

```
camproj perspective
```

3. 장면 조명과 표면의 반사 속성 변경 둘 다 추가해 조명 파라미터를 설정한다. 전조등 설정은 조명이 카메라 위치로 이동할 수 있게 한다. 조명의 경우 매트랩은 zbuffer나 OpenGL을 활용할 수 있다면 OpenGL 렌더러 설정중 하나를 사용해야 한다. OpenGL 렌더러는 훨씬 더 빠를 가능성이 있다. OpenGL을 이용한 고라우드 조명을 써야 한다.

```
hlight = camlight('headlight');
set(p,'AmbientStrength',.1,...
   'SpecularStrength',1,...
   'DiffuseStrength',1);
lighting gouraud
set(gcf,'Renderer','OpenGL')
```

4. 카메라 모션에 대한 사용자 정의 경로를 정의한다. 카메라 툴바를 이용해 카메라의 몇 가지 피벗 점pivot point을 선택한다(다음 절에서 기술함). 다음과 같이 위치를 연결하는 선형 경로를 생성한다.

```
xp = [30*ones(1,50) linspace(30,55,50) ...
   linspace(55,45,50) linspace(45,-45,50) linspace(45,15,50)];
yp = [linspace(-12,5,50) linspace(5,-0.5,50) ...
   linspace(-0.5,-30,50) linspace(-30,-25,50)...
   linspace(-25,-15,50)];
zp = [5.4*ones(1,50) linspace(5.4,-25,50) ...
   linspace(-25,10,50) linspace(10,30,50) linspace(30,80,50)];
```

5. 정의한 경로에 따라 카메라를 움직인다. 각 움직임 효과를 다시 그린 후, 보여줄 때 drawnow 명령어를 사용한다.

```
for i=1:length(yp)
  campos([30,yp(i),zp(i)]);
  camtarget([3.5,-0.1666,0]);
  camlight(hlight,'headlight');
  drawnow;
end
```

50단계의 간격으로 취한 스냅샷의 모음은 다음과 같다.

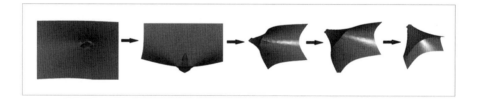

예제 분석

이번 예제에서 데이터 집합을 탐색하는 카메라 도구를 사용했다. 카메라 도구를 이용해 여러 가지 방법으로 뷰를 제어할 수 있다. 여기서는 campos 명령어로 카메라의 위치를 움직인다. camtarget 명령어를 통해 카메라의 위치를 동시에 움직일 수도 있다. 뷰의 사실감을 향상하기 위해 카메라에 전조등을 추가했다.

카메라 위치를 움직이는 경로를 선택하는 여러 가지 방법이 있다. 한 옵션은 cameraup vector로 방향 설정 같은 미리 정의된 옵션 모음을 사용하되, 사전 정의된 방법인 up 벡터로 카메라를 움직이는 camorbit, camdolly나 camroll 함수 중 하나를 사용한다. 대안으로는 피벗을 선택하기 위한 카메라 툴바를 이용해 여기에 사용할 때처럼 사용자 정의 경로를 정의할 수 있다. 그런 다음 선형 보간 점으로 연결한다. 피벗점을 선택하기 위해 다음 그림에 보듯이 그림 툴바에 있는 카메라 아이콘을 클릭해 (표시된 부분) 3D에 객체를 띄운 후, 카메라 모션을 활성화한다.

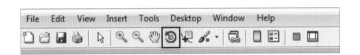

그래프에서 직접 3D 객체를 선택한 후, 해당 객체를 원하는 만큼 움직인다. 피벗 같은 환경설정을 선택하려면 다음과 같이 관련된 카메라 위치와 카메라 목표 위치 파라미터 값에 접근한다.

```
get(gca,'CameraTarget');
get(gca,'CameraPosition');
```

벡터 데이터를 사용한다면 흐름선을 만든 후, 정의된 경로에 따라 카메라를 움직일 때 흐름을 따라가는 x, y, z 값을 추출하기 위한 stream3 함수를 사용할 수도 있다.

부연 설명

경미한 상수 오프셋으로 카메라 대상과 카메라 위치가 동시에 움직일 때는 날고 있는 듯한 효과를 얻을 수 있다(객체의 기하로 날고 있는 것처럼). 다음과 같이 단계별로 수행한다.

1. 뷰 각도를 설정한다. camva 명령어는 뷰 각도를 설정할 때 도움을 준다. 작은 뷰 각도는 영상을 확대하는 효과를 보여준다.

```
camva(5);
```

2. 경로를 설정한다.

```
xt = [linspace(1,.2,25) linspace(.2,.1,75)];
yp = [linspace(0,.8,25) .4*linspace(2,4,25) ...
   1.6+.4*linspace(0,10,50)];
yt = [linspace(-.4/3,-.4/3,50) ...
   -(.4/3)*linspace(1,10,50) ];
zt = [linspace(0,0,25) linspace(0,0,75) ];
```

3. 경로에 따라 카메라 대상과 위치를 움직인다.

```
for i=1:length(xt)
  campos([xt(i)+10,yp(i),zt(i)]);
  camtarget([xt(i) yt(i) zt(i) ]);
  camlight(hlight,'headlight');
  drawnow
end
```

경로에 따른 특정 간격에서 취한 스냅샷 모음은 다음과 같다.

 예제 통찰

▶ 애니메이션으로 3D 데이터 집합을 탐색할 때 도구인 프로그램적 뷰 제어 사용

참고 사항

매트랩 도움말에서 카메라 조작 명령어인 amdolly, camlookat, camorbit, campan, campos, camproj, camroll, camtarget, camup, camva, camzoom를 찾아보라.

6

고차원 데이터 설계

이 장에서 다루는 내용

- 고분광 데이터 융합
- 서베이 플롯
- 글리프
- 평행 좌표
- 트리 맵
- 앤드류 곡선
- 빠른 그래프를 위한 데이터 축소
- 주성분 분석
- 방사 좌표 시각화

소개

6장에서는 3차원 이상의 시각화 옵션을 다룬다. 고차원 데이터의 경우 용량이 매우 빠르게 증가해 모든 물체가 듬성듬성하게 나타나며, 두 물체가 서로 다르다는 통계적 유의성을 확립하기 위해 필요한 데이터가 훨씬 더 많아지게 된다. 결국 일반적인 데이터 구성 전략이 비효율적이 된다. 이런 문제를 종종 **차원의 저주**curse of dimensionality라고 말한다. 6장의 첫 예제에서는 데이터 차원을 임의로 줄이지 않은 채 고차원 데이터를 시각화하는 전략을 제시한다. 자세히 말하면 6장의 **주성분 분석** Principal Component Analysis(데이터 축소 기술)과 **방사 좌표 시각화**Radial Coordinate Visualization(투영 기술)로 중요한 정보의 손실 없이 고차원 데이터를 저차원으로 축소한다.

이런 문제를 다루기 위한 고급 방법으로는 차원 축소를 위한 **투영 추적**projection pursuit 과 **탐색적 데이터 분석** 분야 중 일반적으로 사용하는 **둘러보기**grand tour로 알려진 대화형/가이드 버전 등이 있다. **투영 추적** 알고리즘은 정규분포의 편차(네트로피negative entropy)나 분산 측정(주성분), 군집 분리도(몇몇 거리 척도 사용) 같은 선형 매핑을 이용한 유용성의 몇 가지 고정된 기준을 최적화한 탐색 알고리즘을 이용한다. 이런 고급 방법은 예제에 수록하지 않았다. 해당 기술을 향후에 조사할 수 있는 참고문헌을 부록에 실었다.

고분광 데이터 융합

분광 영상 장치는 가시 범위를 포함한 전자기적 분광 정보를 수집한다. 물체는 분광에 걸치되 식별 가능한 패턴(분광 특성)을 남긴다. 예로 석유의 분광 특성은 광물로 새로운 유전을 찾을 수 있게 돕는다. 영상화 시 다중 대역을 걸치는 이유는 모든 대역에서 모든 특징이 나타나지 않기 때문이다.

수집한 대용량의 데이터를 검사하고 해석하는 적절한 방법이 필요하다. 보통 주성분 분석 같은 방법을 사용해 데이터를 먼저 변환한 후, **거짓 색상** 영상을 생성하기 위해 RGB 채널 데이터 같은 세 가지 중요한 성분을 사용한다.

준비

이번 예제에서는 고분광^{hyperspectral} 데이터 집합을 시각화한다. SpecTIR™가 공개한 데이터 집합을 웹사이트에서 다운로드해 사용했다. 이 데이터는 일부 멕시코만 지역의 데이터며, 360개의 서로 다른 분광 대역에 있는 2010개의 유출된 석유를 보여준다. http://www.spectir.com/free-data-samples/request-deepwater-radiance/에서 데이터를 다운로드한다. 코드 저장소에서 데이터 집합으로 제공할 수 없는데 파일 크기가 매우 크기 때문이다. 일단 다운로드했다면 다음과 같이 데이터를 가져온다.

```
X = multibandread(...
  '0612-1615_rad_sub.dat',...
  Filename [1160, 320, 360],...
  size ([lines, samples, bands]) 'uint16', ...
  precision data type in the ENVI header file 0,...
  offset parameter from ENVI header file 'bil',...
  interleave parameter 'bsq', 'bil' or 'bip' 'ieee-le',...
  byteorder
  {'Band','Range',[1,5,360]},... subset 1
  {'Row','Range',[150,1,1000]},...subset 2
  {'Column','Range',[60,1,300]}...subset 3
  );
```

명령어에 있는 모든 입력 파라미터는 같은 줄(타원의 뒷부분을 주석으로 취급)에 주석이 달려 있음에 주목하자. 각 부분 집합은 {DIM, METHOD, INDEX}의 세 가지 요소로 정의되며, 여기서 DIM은 'Row', 'Column' 혹은 'Band'고, METHOD는 'Direct'나 'Range'며 INDEX는 METHOD 정의에 기반을 둔 데이터를 추출할 때 사용하는 첨자를 제공한다. 매트랩 도움말에서 multibandread에 관한 상세한 설명을 찾아보자.

메모리 효율성 목적으로 데이터의 일부만 불러왔음에 주목하자.

예제 구현

다음과 같이 단계별로 수행한다.

1. 72개의 대역에 걸친 중앙 신호를 정규화한 후 시각화한다.

```
X = X./max(X(:));

% 여러 대역에 걸친 중앙 신호 시각화
surf(log(median(X,3))); view(2);
shading interp;
axis tight;
brighten(-.8);

% 주석 달기
title({['\color{red}False Color Image \color{black}' ...
  'showing the median' ...
  '\color{red} hyperspectral \color{black}data'],...
  ['from 72 spectral bands, from the 2010 oil ' ...
  'spill in the Gulf of Mexico,',...
  'collected at 2.2mGSD, covering 390-2450nm,' ...
  'from SpecTIR.']},'Fontsize',14);
```

결과는 다음과 같다.

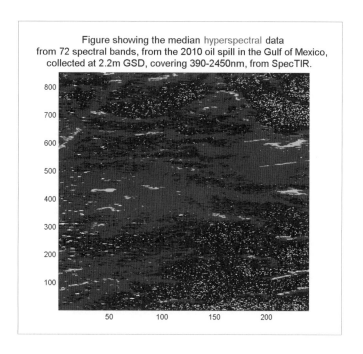

Figure showing the median hyperspectral data
from 72 spectral bands, from the 2010 oil spill in the Gulf of Mexico,
collected at 2.2m GSD, covering 390-2450nm, from SpecTIR.

2. RGB 값을 생성하는 데이터를 하나씩 사용한 후, 거짓 색상 영상을 생성한다.

```
R = log(median(X,3));R = abs(R./max(abs(R(:))));
G = log(range(X.^2,3));G = abs(G./max(abs(G(:))));
B = log(median(X,3));B = abs(B./max(abs(B(:))));
d(:,:,1) = G;d(:,:,2) = B;d(:,:,3) = R;
image(d);
title('\color{red}False Color Image');
```

결과는 다음과 같다.

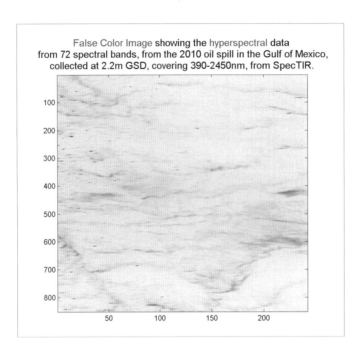

False Color Image showing the hyperspectral data
from 72 spectral bands, from the 2010 oil spill in the Gulf of Mexico,
collected at 2.2m GSD, covering 390-2450nm, from SpecTIR.

예제 분석

ENVI 데이터는 hdr 헤더 파일과 .dat 바이너리 데이터 파일 쌍으로 구성된다. 이 데이터 파일은 헤더 파일 안에 설정된 파라미터를 일일이 읽어야 한다. 매트랩 함수인 `multibandread`는 '준비' 절에 보여줬던 이진 데이터 집합을 읽을 때 사용하기 위해 데이터 집합의 헤더 파일에서 얻어야 할 여러 입력 파라미터를 취한다.

함수에 필요한 대부분의 파라미터는 헤더 파일에서 쉽게 식별할 수 있다. 동일한 이름을 사용하기 때문이며 특히 파라미터가 두 개라면 더 그렇다. ENVI 값을 매트랩에서 사용하는 값에 대응하도록 변환해야 한다.

ENVI 데이터 타입과 매트랩 데이터 타입은 다음과 같이 대응한다.

ENVI 데이터 타입	MATLAB 정밀도
1	1 바이트짜리 부호 있는 정수 'int8'
2	2 바이트짜리 부호 있는 정수 'int16'
3	4 바이트짜리 부호 있는 정수 'int32'
4	4 바이트짜리 부동소수점 'float'
12	2 바이트짜리 부호 없는 정수 'unit16'

ENVI 바이트 순서와 매트랩 바이트 순서는 다음과 같이 대응한다.

ENVI 바이트 순서	MATLAB 바이트 순서[1]
0	'ieee-le'
1	'ieee-be'

이번 예제에서 먼저 석유 유출 복사량 측정을 시각화하기 위해 72개의 분광 대역에 걸친 중앙 데이터를 사용했다. 그런 다음 데이터에 관한 일부 정보를 사용해 RGB 값을 만들었다(RGB 값을 갖기 위해 사용 가능한 데이터를 그룹으로 분리할 수도 있었다). RGB 값을 이용해 거짓 색상 영상을 생성했다.

예제 통찰
▶ 하나 이상의 많은 분광 대역에 나타나는 관심 특징을 검출하기 위해 다중 대역에 있는 분광 데이터를 모아 단일 시각화 구조를 만듦.

참고 사항

매트랩 도움말에서 `multibandread` 명령어를 찾아보라.

1　ieee-le는 리틀 엔디안(little endian)이고, ieee-be는 빅 엔디안(big endian)이다. − 옮긴이

서베이 플롯

서베이 플롯survey plot의 아이디어는 내부 차원 비교와 여러 항목에 걸친 비교를 용이하게 하는 방법으로 단일 항목에 대응하는 이질적인 데이터를 표현한다. 이질적인 데이터 차원은 공간, 시간적, 숫자와 영숫자 값의 혼합이다.

준비

이번 예제의 데이터는 다섯 곳에 걸친 세 국가에서 보고한 SAT 점수와 범죄율을 보여준다. 국가는 두 데이터 점을 각 점이 거의 동일한 구역을 포함하도록 한다. 데이터는 소득 수준을 기준으로 그룹화됐다. 더불어 가능한 상관관계를 식별하기 위해 인구 통계 데이터를 그래프로 표시한다. 데이터를 불러온다.

```
Load customCountryData
```

예제 구현

다음과 같이 단계별로 수행한다.

1. 그림창을 배치한다.

   ```
   figure('units','normalized','position',[.04 .12 .6 .8]);
   axes('position',[0.0606 0.0515 0.9065 0.8747]);
   set(gcf,'color',[1 1 1],'paperpositionmode','auto');
   ```

2. 다각형을 채운 집합을 이용해 세 국가의 대략적인 개요와 함께 공간적 맥락을 생성한다.

   ```
   % 좌표 정의
   x1 = [2 3 4.5 3.5 2.5 1.5];y1 = [1 1.5 3 4 3.5 2];
   x2 = [1.5 2.5 3.5 4 3 2];y2 = [2 3.5 4 6 5.5 4.5];
   x3 = [4.5 3.5 4 5 5.5 5];y3 = [3 4 6 5.5 5 4.5];
   ```

```
% 위 코드를 이용해 국가 플롯
patch([x1; x2; x3]',[y1; y2; y3]',...
  0.8*ones(length(x1),3),[.9 .9 .9],...
  'edgecolor',[1 1 1]);
hold;alpha(.9);
```

3. 가독성을 위해 z 방향의 다섯 데이터의 원래 선과 해당 선을 연결한 격자를 생성한다.

```
% 데이터 위치에 대한 x, y 배치
x = [ 1.5 2    2.2 3.32 3.8 4.5 5.2];
y = [ 2    1.5 3.8 2.5  4   5   4.5];

% 데이터 위치에서 수직 선을 그림
for i = 2:6
    line([x(i) x(i)],[y(i) y(i)],[1 11],...
      'Color',[.8 .8 .8]);
end

% 연결한 격자선을 그림
for i = 2:11
    line([x(1:end-1); x(2:end)],[y(1:end-1); y(2:end)],...
      i*ones(2,6),'Color',[.8 .8 .8]);
end
```

4. 다음과 같이 색상 행렬 정의를 선언한다.

```
% cd는 민족성에 사용되는 색상 정의
cd = [141 211 199; 255 255 179; 190 186 218; ...
  251 128 114; 128 177 211]/255;

% ci은 범죄율에 사용되는 색상 정의
ci = [205 207 150; 254 178 76; 240 59 32]/255;
```

5. 주어진 년도(j에 해당)에 대해 주어진 위치(i에 해당)에서, 소득 그룹을 보여주는 선 집합과 위치별 민족 구성을 보여주는 선 집합을 플롯한다. i=2, j=2로 둔다.

```
i=2; j= 2;

% 민족 분포를 대표하는 선을 y축을 따라 연장
dt = [0 demgraphics{i-1}{j-1}/100];
for r = 1:5
  line([x(i) x(i)],...
    [y(i)-1+sum(dt(1:r)) y(i)-1+sum(dt(1:r+1))], ...
    [j j],'Color',cd(r,:),'Linewidth',5);
end

% 소득 그룹을 대표하는 선을 x축을 따라 연장
dt = [0 incomeGroups{i-1}{j-1}];
for r = 1:3
  xx1 = x(i)+sum(dt(1:r))/2;
  xx2 = x(i)+sum(dt(1:r+1))/2;
  line([xx1xx2],[y(i) y(i)], [j j],...
    'Color',ci(r,:),'Linewidth',2);
end
```

6. 각 소득 그룹을 나타내는 선에, 평균 SAT 점수(선 위)와 범죄율(선 아래)에 비례하도록 원 영역을 그린다.

```
for r = 1:3
  xx1 = x(i)+sum(dt(1:r))/2;
  xx2 = x(i)+sum(dt(1:r+1))/2;

  switch(r)
  case 1
  scatter3((xx1+xx2)/2,y(i),...
    j+.2,100*AverageSATScoresLI(i-1,j-1),...
    ci(r,:),'filled');
```

242

```
        scatter3((xx1+xx2)/2,...
          y(i),j-.2,100*crimeRateLI(i-1,j-1),...
          ci(r,:),'filled');
      case 2
        scatter3((xx1+xx2)/2,y(i),j+.2,...
          100*AverageSATScoresMI(i-1,j-1),...
          ci(r,:),'filled');
        scatter3((xx1+xx2)/2,y(i),j-.2,...
          100*crimeRateMI(i-1,j-1),ci(r,:),'filled');
      case 3
        scatter3((xx1+xx2)/2,y(i),j+.2,...
          100*AverageSATScoresHI(i-1,j-1),...
          ci(r,:),'filled');
        scatter3((xx1+xx2)/2,y(i),j-.2,...
          100*crimeRateHI(i-1,j-1),ci(r,:),'filled');
      end
    end
```

7. 뷰를 설정한다.

```
view(3);
campos([ 14.7118 -42.0473 45.3905]);
axis tight off
```

8. 주석을 추가한다.

```
annotation('textbox','position',[.27 .07 .68 .04],...
  'string',{['\color{red}Survey plots \color{black}'...
  'with a decade of Crime Rate and SAT '...
  'scores across five counties,'],...
  ['split by Income Group. Also shows'...
  'ethnic makeup of the data locations.']},...
  'Fontsize',14,'linestyle','none');
```

```
% 년도 레이블 추가
```

```
for i = 2:11
  text(x(1),y(1),i,years{i-1});
  text(x(7),y(7),i,years{i-1});
end

% 위치 레이블 추가
for i = 2:6
  text(x(i),y(i),1,num2str(i-1),'fontsize',12);
end
```

9. 숨겨진 축, 선, 그리고 관련된 텍스트 레이블을 이용한 범례의 광범위한 모음을 추가한다.

```
axes('position',[.1107 .8478 .2881 .1347],...
  'Visible','off');
axis([0 .6 -.5 5.5]);

for i = 1:5
  line([0 .2],[5-(i-1) 5-(i-1)],'color',cd(i,:),...
    'Linewidth',5);
  text(.2,5 - (i-1),lege{i},'Fontsize',12);
end
axes('position',[.3495 .8478 .2881 .1347],...
  'Visible','off');
axis([0 .6 -.5 5.5]);
for i = 1:3
  line([0 .2],[3-(i-1) 3-(i-1)],'color',ci(i,:),...
    'Linewidth',5);
  text(.2,3 - (i-1),icleg{i},'Fontsize',12);
end
axes('position',[.5886 .8478 .2881 .1347]);hold on;
line([0 .2],[.5 .5],'color',[0 0 0],'Linewidth',2);
scatter(.1,.5+.1,10, [0 0 0],'filled');

text(.2,.5+.1,'Average SAT Score (per income group)',...
```

```
    'Fontsize',12);
scatter(.1,.5-.1,100,[0 0 0],'filled');
text(.2,.5-.1,'Crime Rate (per income group)',...
    'Fontsize',12);
axis([0 1 0 1]);
set(gca,'Visible','off');
```

결과는 다음과 같다.

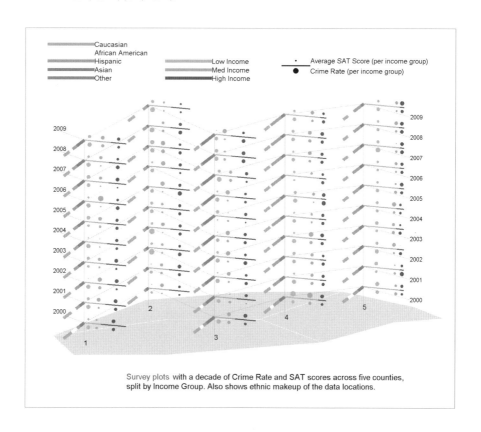

Survey plots with a decade of Crime Rate and SAT scores across five counties, split by Income Group. Also shows ethnic makeup of the data locations.

예제 분석

앞의 그래프는 1과 3의 위치에 있는 아시안 인구가 10년간 증가했음을 보여준다.

중상위 소득 그룹은 모든 영역과 시간에 걸쳐 하위 소득 그룹보다 지속적으로 높은 SAT 점수를 갖는다. 그래프에 나타나는 기타 상세한 정보에 대해서는 독자가 찾을 수 있게 남겨두겠다.

이번 예제에서는 공간적 맥락을 제공하기 위해 국가 지도 개요를 배치하는 patch 요소를 사용했다. 각 위치에서 시계열을 표현하는 수직 차원을 이용했다. 인구 통계와 소득 그룹 데이터는 특정 범주로 코드화한 색상 선의 길이에 부여한 부분으로 제시됐다. 각 소득 그룹 범주의 또 다른 수치 데이터 두 조각을 각 색상 선의 위 아래에 놓인 원 영역으로 표현했다.

 예제 통찰

▶ 항목 내부 차원 비교와 항목 전체에 걸친 비교에 관한 이질적인 정보의 집합을 표시하도록 설계된 **서베이 플롯** 개념 사용

참고 사항

매트랩 도움말에서 patch, line, legend 명령어를 찾아보라.

글리프

글리프glyph는 의미를 부호화한 표식의 특징을 갖는 표식이다. 예로 데이터 시각화 맥락에서 화살표를 글리프로 사용할 수 있다. 화살표의 길이는 한 파라미터를 나타낼 수 있다. 그려진 화살표의 방향, 선 굵기, 화살표 머리의 굵기 및 색상은 모두 다차원 데이터 점을 시각화할 때 의미를 부호화할 수 있는 적합한 특징이다.

준비

매트랩을 설치할 때 수록된 자동차 데이터 집합을 사용한다. 각 제조사의 모델별로 자동차의 가속, 실린더 수, 배기량, 연비, 마력과 무게 정보 같은 속성이 포함돼 있다.

```
% 데이터를 불러옴
load carsmall
dat = [Acceleration Cylinders Displacement Horsepower ...
   MPG Weight];
```

예제 구현

이번 예제에서는 먼저 화살표를 글리프로 사용해 자동차 데이터를 시각화한다. 후반 부에서는 동일한 데이터를 별과 체르노프 얼굴이라는 또 다른 두 글리프 유형으로 시각화하기 위해 통계해석 툴박스™에 딸린 매트랩 함수 glyphplot을 사용한다.

다음과 같이 단계별로 수행한다.

1. 매트랩 명령어인 quiver로 각 화살표를 구성한 후, 자동차 데이터 레코드의 여섯 가지 숫자 속성값인 가속, 배기량, MPG, 실린더, 마력, 무게에 기반해 화살표의 모양을 변경한다.

   ```
   % 그림창 배치
   figure('units','normalized','position',...
     [0.0010 0.1028 0.6443 0.8028]);

   % 데이터 차원을 코드화하는 그래픽 속성의 하나인 색상을 사용하기 때문에
   % 색상 제한을 데이터 차원의 최솟값과 최댓값으로 설정
   m = colormap;
   climMat = [min(Weight) max(Weight)];

   % 글리프를 사용해 표시할 데이터 점 선택
   tryThese = [5 26 27 29 36 59 62 66];
   ```

```matlab
% 글리프의 남은 부분을 해석하는 중요한 역할을 하는 그래픽 생성.
% 글리프의 시작 점과 끝 점, 색상, 선 폭과 제목을 의미하는 레이블을
% 특별히 눈에 띄도록 회색으로 표식
subplot(3,3,1);
quiver(50,50,200,95,'Linewidth',2,'Color',...
    [0 0 0],'linestyle','--');
text(15,40,'Acceleration, MPG');
text(100,150,'Displacement, Horsepower');
xlim([0 350]);ylim([0 200]);
title({'\color{red}Glyph Key',['\color{black}'...
'Linewidth = #cylinders']},'fontsize',12);
    set(gca,'color',[.9 .9 .9]);

% 선택한 6차원 데이터를 글리프로 8번 플롯
for ii = 1:8
    subplot(3,3,ii+1);set(gca,'clim',climMat); hold on;
    i = tryThese(ii); box on;
    index = fix((Weight(i)-climMat(1))/...
        (climMat(2)-climMat(1))*63)+1;
    quiver(Acceleration(i),MPG(i),Displacement(i),...
        Horsepower(i),'Linewidth',Cylinders(i),...
        'Color',m(index,:));
    title({['\color{black}Model = \color{red}']..
        [deblank(Model(i,:)) '\color{black},']...
        ['Year = \color{red}' num2str(Model_Year(i,:)) ],...
        ['\color{black}Mfg = \color{red}' deblank(Mfg(i,:))]...
        ['\color{black}, Origin = \color{red}']...
        [deblank(Origin(i,:))]},'fontsize',12);
    xlim([0 350]);ylim([0 200]);
end

% 색상 막대와 주석 추가
h=colorbar;
set(h,'position',[0.0323 0.1252 0.0073 0.7172]);
```

```
ylabel(h,'Weight of car','fontsize',12);
annotation('textbox','position',...
    [0.2013 0.0256 0.5756 0.0323],...
    'string',{['Quiver used as a \color{red}glyph ']...
    ['\color{black} to present 6 numerical properties']...
    [' associated with each car']},...
    'fontsize',14,'linestyle','none');
```

결과는 다음과 같다.

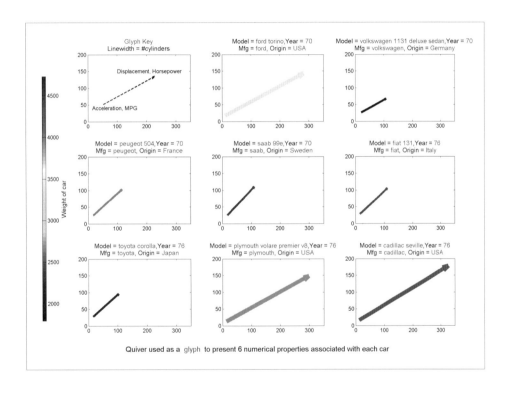

예제 분석

quiver 명령어는 자동차 데이터의 6차원을 표현하기 위해 **글리프**로 이용된 화살표를 구성하는 데 사용됐다. 정보를 부호화하기 위해 화살표 시작과 끝의 좌표, 선 굵기와 선 색상을 사용했다. 해당하는 글리프를 읽으려면 음영 플롯 위치에 있는 글리프 키를 살펴보라. 분명히 미국산 자동차는 마력과 배기량 값이 높으며, 더 무겁다.

글리프는 이해하기엔 복잡하기 때문에 글리프 키에 대한 명확한 지시는 필수적이다. 또한 글리프를 통해 다차원을 볼 수 있지만 한번에 하나의 데이터 레코드만 살펴볼 수 있다. 따라서 많은 수의 데이터 레코드는 함께 살펴보기 어렵다. 신중하게 고른 표식이나 글리프 스타일은 글리프 사용에서 뚜렷하게 드러나는 지각 문제의 일부를 완화한다. 요소에 순위를 매기거나 데이터를 더 적절한 공간으로 변환하는 주성분 분석 같은 기술을 사용하면 최대 판별력으로 표본의 특징을 나타낼 수 있다.

부연 설명

glyphplot 함수는 매트랩 통계해석 툴박스에 포함돼 있다. 이 명령어로 표식의 두 유형을 사용할 수 있는데 하나는 별이고 다른 하나는 얼굴이다.

별 플롯은 별 모양으로 각 관찰을 표현하며, 별의 i번째 바퀴살은 관찰값의 i번째 좌표의 길이에 비례한다.

플롯을 만들기 전에 [0, 1] 구간에 독립적으로 각 열을 이동시키고 크기를 조정함으로써 변수 값의 범위를 표준화한다. 가능한 한 정사각형에 매우 가까운 글리프를 사각형 격자의 중심에 둔다. glyphplot은 누락된 값을 데이터 벡터에서 NaN으로 취급하고 해당 행을 플롯하지 않는다.

별 플롯을 만드는 glyphplot을 사용해보자.

```
% 그림창 설정
set(gcf,'units','normalized','position',...
```

```matlab
  [ 0.3547 0.1306 0.5510 0.4041]);
set(gca,'position',...
  [ 0.0320 0.0035 0.9257 0.9965],'fontsize',12);

% 데이터 준비
x = [Acceleration Cylinders Displacement Horsepower ...
  MPG Weight];
varLabels = {'Acceleration','Cylinders','Displacement',...
  'Horsepower','MPG','Weight'};

% glyphplot이 사용하는 기본 글리프 유형은 별임
h = glyphplot(x(tryThese(1:3),:),'standardize','column',...
  'obslabels',deblank(Model(tryThese(1:3),:)),...
  'grid',[1 3]);

% 글리프 플롯이 반환한 핸들 집합으로부터 xdata, ydata를 가져옴
xdata=get(h(1,2),'XData');
ydata=get(h(1,2),'YData');

% 글리프 키를 구성하기 위해
% 별의 바퀴살에 맞춰 조정하도록 각 변수 레이블 회전
r = [0 60 120 180 -120 -60];
for i = 1:6
  text(xdata(1,2+(i-1)*3),ydata(1,2+(i-1)*3),...
    varLabels{i},'rotation',r(i),'fontsize',12);
end

% 각 별의 축 폰트 크기 설정
set(h(1,3),'Fontsize',14);
set(h(2,3),'Fontsize',14);
set(h(3,3),'Fontsize',14);

% 뷰 설정
axis off
```

결과는 다음과 같다.

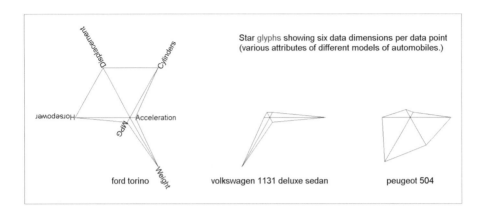

그다음에는 얼굴 플롯을 만드는 glyphplot을 사용한다. 얼굴 플롯은 각 얼굴 관찰을 보여주며, i번째 얼굴 특징을 관찰의 i번째 좌표와 특성에 비례해 그린다. 얼굴의 총 17가지 특징(매뉴얼 페이지에서 설명)을 데이터 점의 17개 다른 차원을 부호화할 때 사용할 수 있다. 이번에는 2×3 격자 배치를 사용하고 특정 페이지(여기서는 3페이지)를 선택한다.

```
glyphplot(x,'glyph','face',...
    'obslabels',Model,...
    'grid',[2 2],...
    'page',3);
```

결과는 다음과 같다(데이터 속성을 사상하기 위해 얼굴 특징 테이블 사용).

Facial glyphs showing six dimensions per data
point

pontiac catalina   amc ambassador dpl

dodge challenger se   plymouth 'cuda 340

얼굴 특징	데이터 속성
얼굴 크기	가속
이마/턱 상대적인 호의 길이	실린더
이마 모양	배기량
턱 모양	마력
눈 사이의 폭	MPG
눈의 수직 위치	무게

예제 통찰

▶ 고차원 데이터를 시각화할 때 **글리프**를 사용한다. 데이터를 상대적인 중요성으로
순위를 매겨 변환하는 주성분 분석 같은 기술을 이용해 최대로 식별하기 위한 차원
을 선택한다.

참고 사항

매트랩 도움말에서 glyphplot 명령어를 찾아보라.

평행 좌표

평행 좌표 플롯^{parallel coordinate plot}은 다차원 수치 데이터를 시각화하는 인기 있는 방법이다. n차원인 경우, 축을 따라간 n점을 고려한다. y축은 각 차원에 대한 값의 정규화 범위에 대응한다. n차원 데이터 레코드는 (x_i, y_i) 점 연결로 표현되며, 여기서 n차원에 대해 $x_i = i{:}n$이고, y_i는 데이터 점의 i번째 차원의 정규화 값이다. 모든 차원의 값 범위가 비슷하다면 각 차원의 모든 레코드에 걸쳐 정규화할 필요는 없다.

준비

매트랩을 설치할 때 수록돼 있는 자동차 데이터 집합을 사용한다. 각 제조사의 모델별 자동차의 가속, 실린더 수, 배기량, 연비, 마력과 무게 정보 등의 속성이 들어 있다.

```
% 데이터를 불러옴
load carsmall
dat = [Acceleration Cylinders Displacement Horsepower ...
  MPG Weight];
```

예제 구현

이 책에 딸린 함수인 parallelCoordPlot.m을 이용해 평행 좌표 플롯을 구성한다. 다음과 같이 단계별로 수행한다.

1. 그림창을 배치한다.

   ```
   figure('units','normalized','position',...
     [0.1214 0.2065 0.5234 0.6991]);
   axes('position',[ .0587 .1755 .6913 .7530]);
   ```

2. 평행 좌표 플로팅 함수의 입력 파라미터를 구성한다.

```
% 각 데이터 차원을 정규화해야 함
normalize=1;

% 데이터 점 개수와 동일한 크기인 그룹 레이블로 그룹 첨자 배열 생성
for iiii=1:100
  hh{iiii} = deblank(Mfg(iiii,:));
end

yy=unique(hh);
for iiii=1:100
  groupIndex(iiii) = find(strcmp(yy,hh(iiii)));
end

% x 눈금 레이블 정의
labl = {'Acceleration','Cylinders','Displacement',...
  'Horsepower','MPG','Weight'};

% 그룹화한 속성 레이블 정의
legendLabel=yy;
```

3. **함수를 호출하게 만든 후, 주석을 추가한다.**

```
parallelCoordPlot(dat,normalize,groupIndex ,...
  labl,legendLabel);box on;
xlabel('Car Attributes','Fontsize',14);
title({' \color{red}Parallel Coordinate Plot '},...
  'Fontsize',14);
```

결과는 다음과 같다.

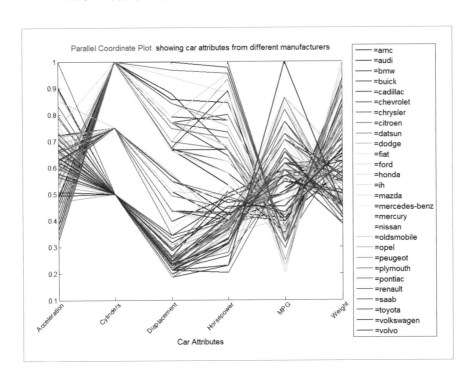

예제 분석

평행 좌표 플롯은 각 자동차 레코드를 6가지 수치적 차원을 동시에 시각화할 수 있게 해준다. 앞의 플롯에서 더 많은 실린더는 나쁜 연비를 의미하며, 다른 모델에서 발생한 분산으로 더 많은 실린더를 만회할 수 없다는 것을 볼 수 있었다. 또한 토요타Toyota는 여분 실린더 엔진으로 포드Ford보다 연료 효율적인 자동차를 만든다.

평행 좌표 플롯을 구축할 때 사용되는 parallelCoordPlot 함수는 각 n차원의 m레코드로 m×n 데이터 행렬을 취한다. Boolean 입력 파라미터 정규화는 0과 1 사이의 각 데이터 차원의 정규화를 제어한다. 파라미터인 groupIndex는 색칠할 목적으로 그룹으로 묶길 원하는 변수의 첨자로 사용할 수 있거나(값 범위는 1과 n 사이임) 혹은 m 항목의 각 그룹 번호와 m×1의 크기를 갖는 배열을 제공할 수 있다(이번 경우 데이터의 k 그룹에서 그룹 번호 레이블의 고유 값은 1과 k까지의 범위다). 이번 예제에서는 그룹화 속성의 레이블과 제조사 이름을 대표하는 고유 번호가 들어 있는 데이터 점의 개수와 동일한 크기의 배열인 groupIndex를 제공했다. 그룹 첨자는 선을 색칠할 수 있게끔 주도한다. 입력 파라미터인 labl은 x 눈금 레이블로 사용하는 변수 이름(데이터 차원 이름)을 갖는 문자열의 배열이다. 입력 파라미터 legendLabel은 원하는 그룹화에 대응하는 범례 항목에 사용하는 레이블 문자열 배열이다. 마지막 인자인 colormapCustom은 선택 사항이며 사용자 정의 색상 맵 정의를 취한다.

한 범례 항목이 개별로 구성된 여러 개의 선에 대응할 목적으로 범례 항목을 그룹화하려면 다음과 같이 수행한다.

1. 각 그룹마다 그려진 모든 선 집합에 IconDisplayStyle 속성을 off로 설정하고, IconDisplayStyle 속성을 on으로 설정한 (n-1)번째와 n번째 변수 사이에 해당되는 부분을 제외한다.
2. 그런 다음 각 IconDisplayStyle 속성이 on인 선 집합을 hggroup 객체에 할당한다.
3. hggroup 객체의 IconDisplayStyle 속성을 on으로 설정한다.
4. legend 명령으로 hggroup 객체당 한 항목만 추가한다.

예제 통찰

▶ 고차원 데이터를 시각화할 때 **평행 좌표 플롯**을 사용한다. 쉽게 비교하기 위해 각 데이터 차원을 0과 1로 정규화한다(크기가 서로 크게 다르다면).

참고 사항

매트랩 도움말에서 hggroup과 legend 명령어를 찾아보라. 단일 매트랩 명령어로 평행 좌표 플롯을 구성하기 위해 통계해석 툴박스의 일부인 parallelcoord를 확인해보자.

트리 맵

영역 기반 시각화는 선 비교 기반 시각화보다 지각적으로 더 많은 어려움이 있지만, 고차원 데이터를 살펴볼 수 있는 간결한 방법이다. **트리 맵**tree map은 이번 예제에서 사용하는 표시의 한 유형이며, 중첩된 사각형 집합인 계층적(트리 구조) 데이터를 표시한다. 각 나뭇가지는 사각형이며, 하위 나뭇가지를 나타내는 더 작은 사각형으로 타일되어 있다. 많은 타일링 알고리즘은 이런 작업을 수행하는 선택 사항으로 존재한다. 종종 데이터 차원 분리를 코드화할 때 잎 노드의 색상을 사용한다. 프리젠테이션의 한 유형이자 영역 단위가 정사각형에 가까워지도록 데이터를 구성하는 여러 알고리즘이 존재한다. 다만 레코드의 종횡비와 배치 순서 간의 균형을 이뤄야 한다. 순서를 강조한다면 종횡비가 낮아진다. 이번 예제에서는 조이 힉클린Joe Hicklin이 매트랩 센트럴 파일 익스체인지에 투고한 것을 개작했다.

준비

이번 예제에서는 100개 국가의 국내 총생산(미국의 수백만 달러)을 보여준다. 이 데이터는 www.socrata.com의 공개 데이터에서 가져왔다. 데이터를 불러온다.

```
gdp = xlsread('GDP_By_Country_And_Continent_Treemap.csv',...
  'C2:C101');
[blah, labels] = ...
  xlsread('GDP_By_Country_And_Continent_Treemap.csv',...
  'a2:a101');
```

예제 구현

다음과 같이 단계별로 수행한다.

1. 색상 스케일을 설정한다.

```
m = colormap;

% 색상 제한 설정
climMat=[min(log(gdp)) max(log(gdp))];
set(gca,'clim',climMat);

% 데이터 값에 대응하는 색상 맵에서 첨자 조회
index = fix((log(gdp)-climMat(1))/...
    (climMat(2)-climMat(1))*63)+1;
```

2. 트리 맵을 계산한다.

```
r = treemap(gdp);
```

3. 결과를 플롯한다.

```
plotRectangles(r,labels,m(index,:));
```

4. 주석을 추가한다.

```
h=colorbar('position',[.95 .03 .01 .89]);
ylabel(h,'log(Millions of US Dollars)','fontsize',14);
title('\color{red}Tree maps','fontsize',14);
```

결과는 다음과 같다.

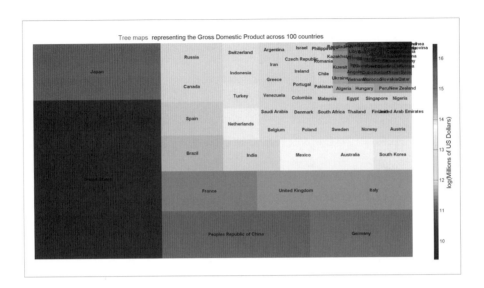

예제 분석

트리 맵은 방대한 데이터 용량을 시각화하는 공간 제약적 방법을 제공한다. 위 그림 은 100개의 국가를 GDP(미국의 백만 달러 기준)를 나타내는 영역과 함께 보여주며, 색상은 미국의 백만 달러 단위인 GDP 값의 로그를 나타낸다.

트리 맵 알고리즘은 조이 힉클린이 매트랩 센트럴 파일 익스체인지에 투고한 것을 개작했으며, 다음과 같이 작동한다.

1. 데이터를 최대에서 최소로 정렬한다.
2. 그다음에는 행이나 열을 남은 사각형의 가장 짧은 면(w 혹은 h)을 따라 배 치한다.
3. 행이나 열에 있는 블록의 평균 종횡비를 낮추는 새로운 블록을 추가할 때 까지 새로운 열이나 행에 블록을 추가한다.

4. 일단 행이나 열을 배치했다면 남은 블록과 나머지 사각형에서 재귀한다.

> **예제 통찰**
>
> ▶ 데이터의 높은 용량을 살펴볼 때 간단한 선택 사항인 트리 플롯을 사용한다. 영역과
> 색상 기반 시각화가 지각적인 어려움 증대에 일조한다는 점을 알고 있어야 한다.

참고 사항

매트랩 도움말에서 treemap과 plotrectangles 명령어를 찾아보라.

앤드류 곡선

1972년 앤드류[Andrew]가 곡선으로 다변량 데이터를 코드화해 표현하는 아이디어를 제안했다. 각 다변량 관측인 Xi = (Xi, 1 ⋯ Xi, p)는 t ∈ [0, 1]에 대한 푸리에[Fourier] 급수의 계수로 표현하도록 곡선으로 변환한다.

$$f_i(t) = \frac{X_{i,1}}{\sqrt{2}} + X_{i,2}\sin(2\pi t) + X_{i,3}\cos(2\pi t) + \cdots$$

준비

매트랩 설치 시 포함돼 있는 피셔 홍채 데이터 집합을 사용한다. 데이터를 불러온다.

```
load fisieriris
```

예제 구현

다음과 같이 단계별로 수행한다.

1. 앤드류 곡선Andrew's curve을 생성하는 함수를 호출한다.

```
[t curves] = andrewsCurves(meas);
```

2. 다른 클래스 레이블이 서로 다른 곡선 군집에 대응함을 보여주기 위해 플롯에서 클래스 레이블을 그룹화한다.

```
groupIndex = unique(species);
colors = [1 0 0; 0 1 0; 0 0 1];
hold on;

for i = 1:length(groupIndex)
  idx = find(strcmp(species,groupIndex{i}));
  plot(t,curves(idx,:)','color',colors(i,:));
end
```

결과는 다음과 같다.

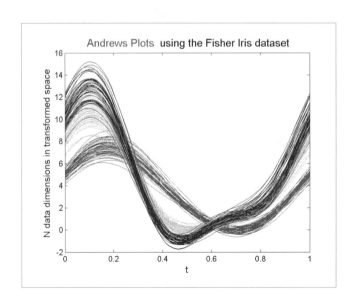

예제 분석

피셔의 홍채 데이터 집합은 세 클래스며, 하나는 다른 두 가지에 비해 매우 쉽게 분리할 수 있다. 앤드류 곡선 시각화 공간에서 속성은 분명히 참이다. 변수 순서가 중요하다는 것에 주목하자. 순서가 서로 다르다면 이 시각화 공간에서 구분할 수 있는 클래스를 만들 수 없을지도 모른다. 데이터 점 사이의 최대 영향(유사점과 차이점을 가져오는 것에 관한 측면에서)을 위한 변수 순서화 방법을 이해하기 위해 **주성분 분석**PCA 같은 기술을 사용할 것을 추천한다.

예제 통찰

▶ 시각화를 위해 고차원 데이터를 푸리에 급수 공간으로 변환할 때 **앤드류 곡선** 사용
▶ 최대로 차별화하는 앤드류 곡선을 구성하기 위한 변수 순서화 방법을 이해할 때 주성분 분석(PCA) 같은 기술 사용

참고 사항

앤드류 곡선 구성을 위한 대안적인 방법인 통계해석 툴박스의 일부인 `andrewsplot.m`을 확인하자.

빠른 그래프를 위한 데이터 축소

시각적으로는 특정 데이터 밀도 이상을 알아보기는 어렵다. 이번 예제는 이 점을 인식하고, 빠른 렌더링을 하기 위해서는 시각화하기 전에 **데이터 축소**downsampling하는 것을 권장한다.

준비

이번 예제에서는 데이터를 축소해 거대한 시계열 데이터 집합을 시각화한다. 이 데이터는 빈bin이 되며, 시계열을 표현할 때 빈 내 데이터 점의 평균이나 중앙을 사용한다. 기초 데이터를 불러온 후, 플롯한다.

```
dat = rand(10e6,1) + cos(linspace(0,360,10e6)' ...
  + exp(rand(10e6,1)));
plot(dat); box on; grid on;
title({'The raw data with 10 million points'},...
  'Fontsize',14);
```

여기서 원본이 어떤지 보여주고 렌더링하기 위해 약 0.5초를 취한다.

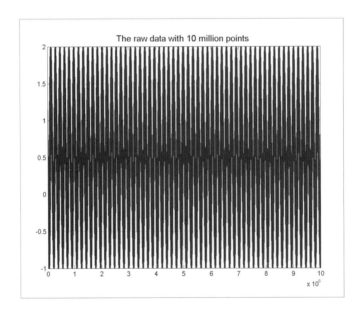

예제 구현

1. 선을 연결한 새로운 계열을 축소한 후 그린다.

```
plot(1:100:10e6,dat(1:100:end),'r-');
```

여기서, 플롯이 어떤지 보여주고 렌더링하기 위해 약 0.01초를 취한다.

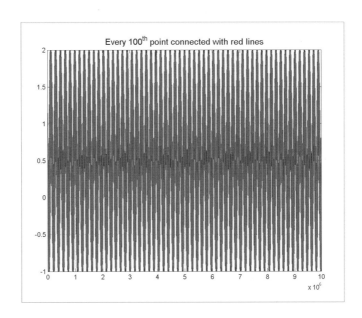

2. 데이터를 빈으로 하고, 데이터를 그릴 때 각 빈의 중앙 대표값을 사용한다.

(대표점을 평균으로 하는 것이 항상 적합한 전략이 아닐 수 있음에 주목하자. 여기서 이 번 예제의 요점은 높은 수의 점보다 대표점이 바람직하다는 것을 보여주는 것이다. 높 은 수는 그래프에 정보를 추가하지 않으면서 단지 그래픽을 느리게 만든다.)

```
plot(dat); box on; grid on;cnt = 1;cnt1=1;
while cnt+100<10e6
    datbin(cnt1) = mean(dat(cnt:cnt+100));
    cnt = cnt + 100;
    cnt1 = cnt1 + 1;
end
plot(1:cnt1-1,datbin,'r'); box on; grid on
```

여기서, 플롯이 어떤지 보여주고 렌더링하기 위해 약 0.02초를 취한다.

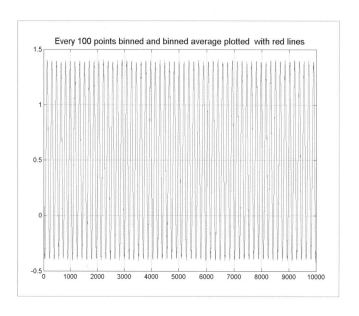

예제 분석

이번 예제는 데이터 집합의 특징의 대부분을 잡아낸 높은 데이터 밀도 상태의 대표점을 이용한다. 데이터 집합에 존재하는 변위를 관찰하기 위해 모든 천만 개의 점이 필요하지는 않다. 데이터 내 최대 주파수 성분의 역보다 높은 단계에서 축소하는 것은 정보의 손실을 가져온다(나이퀴스트 표본화 이론Nyquist Sampling Theory에 위배). 대부분의 실전 목적을 위해서는 시각화를 빠르게 하고 그래프 상호 작용에 더 잘 반응할 수 있도록 충분한 축소 간격을 조사해야 한다.

 예제 통찰

▶ 더 빠르게 렌더링하기 위해 데이터에 포함된 정보를 전달할 때 표본 점의 최소 개수 사용

참고 사항

축소 시 허용되는 제한에 관한 상세한 정보는 **나이퀴스트 표본화 이론**에서 찾아보자.

주성분 분석

주성분 분석^{PCA}은 한 변수를 더한 관측 집합을 주성분이라는 선형적인 비상관관계 변수의 집합으로 변환하는 직교 변환을 이용한다. 향후 분석 및 시각화를 위해 대부분 관련 데이터 차원을 선택하는 효율적인 방법을 제공한다.

준비

다양한 소스에 있는 유리의 금속 성분 레코드 집합을 살펴본다. UCI 기계 학습 데이터베이스에서 다운로드했다. 다음과 같이 데이터를 준비한다.

```
fid = fopen('GLASS.txt');
C = textscan(fid, '%d,%f,%f,%f,%f,%f,%f,%f,%f,%f,%f');
fclose(fid);

% 관련 데이터를 행렬 형식으로 정리
% 첫 번째는 위치 첨자이므로 무시
data = reshape(cell2mat({C{2:11}}'),214,10);
```


예제 구현

다음과 같이 단계별로 수행한다.

1. 그림창을 배치한다.

```
set(gcf,'units','normalized','position',...
[.21 .22 .43 .69]); hold on;
```

2. PCA를 수행한다.

```
[coeff, score, latent, tsquared] = ...
  princomp(data(:,1:9));
```

3. 범례를 레이블할 준비를 한다.

```
glassTypes = [1 2 3 5 6 7];
glassTypesStr = {'building windows _{float processed}',...
  'building windows_{non-float processed}',...
  'vehicle windows_{float processed}',...
  'vehicle_{windows_non_float_processed}',...
  'containers','tableware', 'headlamps'};
```

4. 유리 유형으로 각 색상 표식에 대한 색상 팔레트를 선택한다.

```
colors = colormap;
colors = ...
  colors(round(linspace(1,64,length(glassTypes))),:);
```

5. 첫 두 성분의 공간에 있는 데이터를 조사한다.

```
for i = 1:length(glassTypes)
  idx=find(data(:,10)==glassTypes(i));
  plot(score(idx,1),score(idx,2),'.',...
    'Markersize',30,'Color',colors(i,:));
end
box on; grid on;
```

6. 주석을 추가한다.

```
legend(glassTypesStr(glassTypes),'position',...
  [0.0506 0.0756 0.3429 0.2066]);
set(gca,'Fontsize',12);
xlabel('Principal Component 1','Fontsize',12);
```

```
ylabel('Principal Component 2','Fontsize',12);
title('Data Viewed in the first 2 PC Space','Fontsize',12);
```

결과는 다음과 같다.

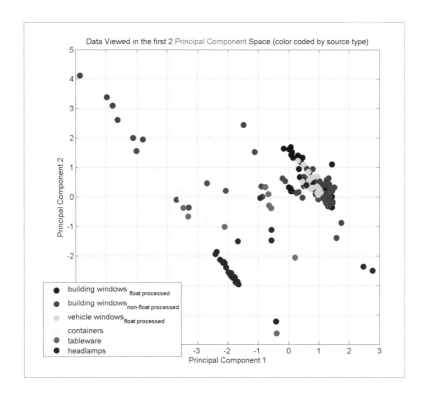

7. 데이터 집합의 총 분산에 각 주성분이 기여한 것을 평가한다.

```
plot(latent,'.-');
title(['Contribution from each principal component to' ...
    'the total variance of the data'],'Fontsize', 12);
xlabel(['Principal Components ordered by Eigen'...
    'values'],'Fontsize',12);
ylabel('Variance contribution','Fontsize',12);
```

결과는 다음과 같다.

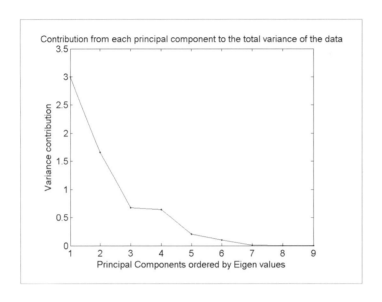

예제 분석

이번 예제는 적어도 데이터 집합의 첫 네 성분이 데이터 집합의 총 분산에 중요하게 기여했음을 보여준다. 첫 두 성분으로 구성된 앞의 결과는 자립적인 그룹으로 데이터를 분리하는 것이 충분하지 않음을 시사한다. 이는 결과에서 볼 수 있는 군집의 혼합 집단으로 나타난다.

주성분 분석PCA은 한 변수를 더한 관측 집합을 주성분이라고 하는 선형적인 비상관 관계 변수의 집합으로 변환하는 직교 변환을 이용한다. 주성분의 개수는 원 변수 개수보다 적거나 같다. 첫 주성분은 데이터의 가능한 한 많은 변동성을 설명하며, 다음의 각 성분은 차례대로 제약된 가능한 최고 변수를 가지며, 이전 성분에 대해 직교다. 데이터 집합이 연계됐고, 정규분포일 때만 주성분이 독립적임이 보장된다. PCA는 변수의 상대적인 크기에 민감하다. PCA 사용에 따른 주요 장점은 향후 분석할 때나 시각화할 때 데이터를 표현하는 차원 집합을 가장 알맞고 경제적인 차원을 선택하는 방법을 제공하는 것이다.

부연 설명

매트랩은 다음과 같이 주성분 계수에 따른 점수를 시각화하는 함수 biplot을 제공한다.

```
biplot(coeff(:,1:2),'Scores', score(:,1:2));
```

결과는 다음과 같다.

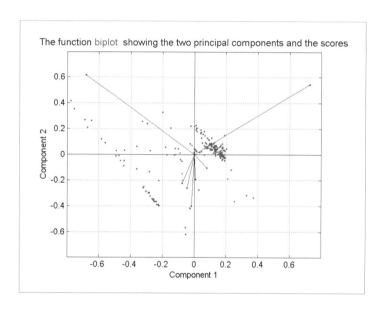

biplot은 첫 두(혹은 세) 주성분에 대한 각 변수의 기여도의 크기와 부호를 시각화할 수 있게 하며 해당 성분과 관련해 각 관찰을 어떻게 표현할지 가능하게 해준다. biplot은 부호 규약을 부과하며, coeff의 각 열 내 최대 크기인 요소를 양수가 되도록 강제한다. 이는 coeff의 벡터 일부를 반대 방향으로 뒤집지만, 종종 플롯을 읽기 쉽게 만든다. 플롯 해석에는 영향을 주지 않는데, 계수 벡터의 부호 변경은 의미를 바꾸지는 않기 때문이다.

예제 통찰

> ▶ 가장 영향이 있는 몇 가지 변수에 관한 시각화를 용이하게 하려면 데이터를 변환하
> 는 주성분 분석 사용

참고 사항

매트랩 도움말에서 `princomp`와 `biplot` 명령어를 찾아보라.

방사 좌표 시각화

방사 좌표 시각화는 비선형 매핑을 이용해 m차원 데이터를 2D 공간으로 매핑한다.
이 아이디어는 2D 공간의 점이 스프링 원의 일정한 간격인 m에 연결된다는 것을
고려하는 것이다. 이제 각 데이터 점의 m차원을 스프링에 대응하는 스프링 상수로
간주해야 한다. 중앙 데이터 점이 이동해 평형 위치에 도달하게 될 경우 m차원 데
이터 점을 2D 공간에 매핑한다. 데이터 점의 위치를 결정하기 위해, 스프링의 합이
0이 되도록 강제할 필요가 있다.

준비

이 책의 일부로 제공된 16063개 유전자의 암 발현 수준이 있는 198개 표본을 구성
한 암 유전자 발현 데이터 집합을 이용한다. 이 데이터는 스탠포드 대학의 통계학과
가 관리하는 기계학습 데이터 저장소에서 다운로드했다. 데이터 집합을 불러와 하
나의 데이터 집합으로 데이터를 테스트하고 훈련한다.

```
load 14cancer.mat
data = [Xtest; Xtrain];
```

예제 구현

다음과 같이 단계별로 수행한다.

1. 그림창을 배치한다.

```
set(gcf,'units','normalized','position',...
   [.30 .35 .35 .55]);
```

2. 변수마다 데이터를 0과 1사이로 정규화한다.

```
for i = 1:size(data,2)
   data(:,i) = data(:,i)./range(data(:,i));
end
```

3. 방사 좌표 시각화를 계산한다.

```
[uxuy] = radviz(data);
```

4. 암 유형으로 각 색상 표식의 색상 팔레트를 선택한다.

```
colors = colormap;
colors = colors(round(linspace(1,64,14)),:);
```

5. 암 유형으로 결정된 표식 색상으로 2D 투영 데이터를 플롯한다.

```
hold on;
for i = 1:14
   mm=find([ytestLabelsytestLabels]==i);
   plot(ux(mm),uy(mm),'.','Markersize',30,'color',...
      colors(i,:));
end
```

6. 방사 테두리를 플롯한다.

```
plot(cos((pi/180)*linspace(0,360,361)),...
   sin((pi/180)*linspace(0,360,361)),'.','markersize',2);
```

7. 주석을 추가한다.

```
legend(strtrim(classLabels),'location','bestoutside');
set(gca,'Fontsize',12);
title({['\color{red}Radial Coordinate Visualization'...
   '\color{black}. 16063 gene expression '],...
   'levels per sample plotted in 2D space',...
   ['Figure shows this data is not separable in'...
   2D space'],''},'Fontsize',12);
```

8. 뷰를 설정한다.

```
axis equal square
set(gcf,'color',[1 1 1],'paperpositionmode','auto');
```

결과는 다음과 같다.

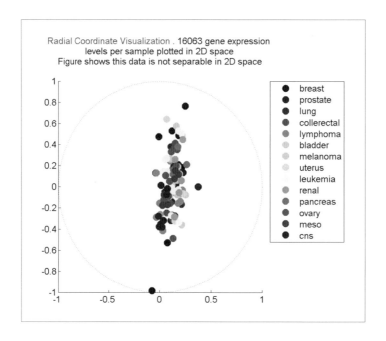

예제 분석

위 그림창은 16063 차원인 198개의 표본을 2D 공간에서 분리할 수 없음을 보여준다. m 변수에 대해 효율적으로 가능한 투영은 (m-1)!/2개며 하나가 아님에 주목하자. 투영 선택은 2D 공간 내 데이터 점의 최대 분산에 의존한다면 가능하다(객체 간 최대한 분리돼야 함). 혹은 기준에 기반을 둔 최근접 이웃 거리 중 하나를 사용할 수 있다. 최적화를 위한 탐색 옵션 개수가 m으로 매우 빠르게 늘어나는 것에 주목하자. 큰 m에 적용할 때엔 이런 문제에 대한 최적화 발견을 분명히 조사할 필요가 있다. 이 시각화의 단점은 과도한 플로팅 문제다. 하지만 앞에서 기술했듯이 다른 것들에 비해 하나의 투영을 선택하는 적합한 기준이 더 많이 나타내도록 하는 계획에 도움이 될 수 있다.

데이터 집합을 이렇게 시각화할 때 적용할 수 있는 radviz.m을 제공한다.

예제 통찰

▶ 고차원 데이터를 2D(혹은 3D) 공간에 투영할 때 방사 좌표 시각화 사용

참고 사항

시각화할 때 대안적인 데이터 축소 전략인 투영 추적, 독립 성분 분석, 대상 투영 추적, 둘러보기를 찾아보라.

7

대화형 그래픽과
애니메이션 생성

이 장에서 다루는 내용

- 콜백 함수
- 그래프로부터 사용자 입력 받기
- 연결된 축과 데이터 브러싱
- 확대경 데모
- 캡처한 프레임으로 애니메이션 재생
- 흐름 입자 애니메이션
- 차트 요소의 점진적인 변화를 통한 애니메이션

소개

7장에서는 매트랩으로 **대화형 그래픽**interactive graphics과 **애니메이션**을 생성하는 것을 보여준다. 정적 그래픽은 기본적으로 2차원이다. 축 회전과 뷰 변경, 실시간 주석 추가, 데이터 삭제 및 확대, 축소 기능은 두뇌가 대화형으로부터 더 많은 것을 발견하고 처리할 수 있게 됨에 따라 사용자의 경험에 크게 영향을 준다(관련 문헌을 수록한 부록의 참고문헌을 참고). 매트랩은 표준 줌, 팬 기능, 데이터 뷰를 바꾸는 강력한 카메라 툴바, 데이터 브러싱, 축 연결로 대화형을 지원한다. 그림창과 카메라 툴바의 기능 집합을 다음과 같이 간단하게 설명한다.

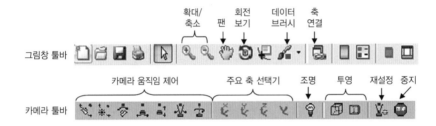

대화형 탐색 단계는 애니메이션으로 기록되고 보여질 수도 있다. 시간이나 공간, 임의 차원에 따른 데이터 진화를 시연할 때 매우 유용하며, 여기서 순서는 의미를 갖는다. 5장의 '빅 리그에서 3차원 데이터 출력 다루기'에서 다른 데이터 뷰 순서로 애니메이션을 생성하는 일련 단계에서 카메라 그림을 프로그램적으로 움직였는데 이는 데이터 탐색을 위한 매우 효율적인 방법임이 입증됐다. 7장의 몇몇 예제는 소스 파일의 코드를 전체 단위로 실행해야 할 수도 있다는 것에 주목하자. 왜냐하면 함수로 개발됐기 때문이다. 함수기 때문에 각 단계에 해당하는 코드 블록을 분리해 독립적으로 해석할 수 없다.

콜백 함수

상단 왼쪽 코너부터 하단 오른쪽 코너까지의 마우스 드래그 이동은 보통 객체의 그룹을 확대하거나 선택할 때 이용한다. **콜백 함수**를 사용해 이런 대화형 이벤트에 사용자 정의 행위를 프로그래밍할 수도 있다. 특정 이벤트(예로 푸시 버튼을 클릭하거나 마우스로 더블 클릭하기 등)가 발생하면 해당하는 콜백 함수를 실행한다. 그래픽 핸들 객체의 다양한 이벤트 속성은 콜백 함수를 정의할 때 사용될 수 있다.

5장의 '빅 리그에서 3차원 데이터 출력 다루기'의 두 예제, 즉 slice(횡단면 뷰)와 isosurface, isonormals와 isocaps에서 3D 탐색을 위한 단면이나 등위표면을 생성하는 곳에서 사용자의 입력을 받는 슬라이더 요소를 사용했다. 이번 예제에서는 이런 종류의 동작을 구현할 때 필요한 콜백 함수를 작성한다. 또한 호출과 콜백 함수 간 데이터 공유에 활용할 수 있는 옵션을 살펴본다.

준비

6장의 '고차원 데이터 설계'에서 그래픽은 자신의 공간 맥락 내부에서 수치 데이터를 표시하도록 설계됐다. 이번 예제에서는 사용자 정의 메뉴 항목에 표시될 데이터를 선택해 사용자가 데이터와 상호 작용하도록 함으로써 그래픽을 확장한다.

데이터를 불러온다. 데이터를 두 주요 집합 userdataA와 userdataB로 분리한다. userdataA는 인구 통계와 관련된 변수가 있는 구조체고, userdataB는 소득 그룹과 관련된 변수가 있는 구조체다. 이제 다음 코드 조각에 보듯이 두 데이터 구조체를 중첩한 구조체를 만든다.

```
load customCountyData
userdataA.demgraphics = demgraphics;
userdataA.lege = lege;
userdataB.incomeGroups = incomeGroups;
userdataB.crimeRateLI = crimeRateLI;
```

```
userdataB.crimeRateHI = crimeRateHI;
userdataB.crimeRateMI = crimeRateMI;
userdataB.AverageSATScoresLI = AverageSATScoresLI;
userdataB.AverageSATScoresMI = AverageSATScoresMI;
userdataB.AverageSATScoresHI = AverageSATScoresHI;
userdataB.icleg = icleg;
userdataAB.years = years;
userdataAB.userdataA = userdataA;
userdataAB.userdataB = userdataB;
```

예제 구현

다음과 같이 단계별로 수행한다.

1. 콘솔에서 다음과 같이 함수를 실행한다.

   c3165_07_01_callback_functions

2. 그림창에서 다음 그림처럼 강조한 비표준 메뉴 항목을 띄웠다. By Population
   항목을 선택한다.

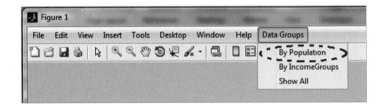

결과는 다음 그림과 같다.

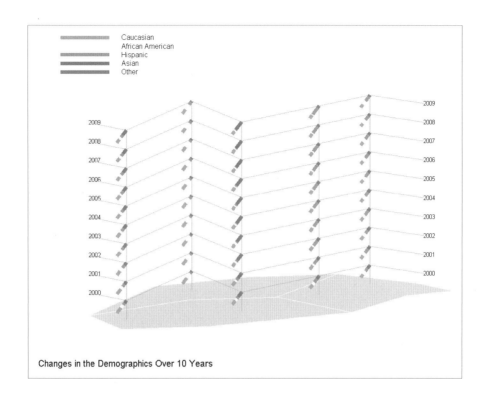

Changes in the Demographics Over 10 Years

3. 이 그래픽에 내장된 대화형을 완벽하게 실습하기 위해 다른 옵션 탐색을 계속한다.

예제 분석

함수 c3165_07_01_callback_function는 다음과 같이 작동한다.

추가된 하위 메뉴 항목인 By population, By Income Groups나 Show all과 함께 있는 사용자 정의 항목인 Data Group을 생성했다.

```
% 주 메뉴 항목 추가
f = uimenu('Label','Data Groups');

% 추가 파라미터로 하위 메뉴 항목 추가
```

```
uimenu(f,'Label','By Population','Callback','showData',...
   'tag','demographics','userdata',userdataAB);
uimenu(f,'Label','By IncomeGroups',..
   'Callback','showData','tag','IncomeGroups',...
   'userdata',userdataAB);
uimenu(f,'Label','ShowAll','Callback','showData',...
   'tag','together','userdata',userdataAB);
```

각 하위 메뉴 항목에 대한 `tag` 이름과 `callback` 함수를 정의했다. 태그 이름을 가짐으로써 여러 객체와 동일한 콜백 함수를 사용하기가 더 용이해지는데, 객체가 콜백 함수를 호출하기 시작할 때 (관련 정보가 필요하다면) 태그 이름으로 질의해 찾기 때문이다. 예로 콜백 함수 동작은 선택한 하위 메뉴 항목에 달려 있다. 따라서 태그 속성은 모든 세 하위 메뉴 항목에 대한 콜백으로 단일 함수인 showData를 사용할 수 있게 하며, 하위 메뉴 항목의 특정 행위를 여전히 구현할 수 있게 한다. 반면에 세 다른 콜백 함수를 등록한 후, 태그 이름 없이 사용할 수도 있다.

세 가지 방법으로 콜백 속성 값을 지정할 수 있다. 여기서는 함수 핸들을 부여한다. 대안으로, 콜백이 발생했을 때 실행하는 매트랩 명령어인 문자열을 주거나 혹은 다음 절에서 살펴볼 함수 핸들과 추가 인자를 갖는 셀 배열을 줄 수 있다.

호출과 콜백 함수 사이에 데이터를 전달하는 경우에는 세 가지 옵션을 사용할 수도 있다. 여기서 usedata 속성에 callback 함수가 필요로 하는 데이터를 갖는 변수 이름을 설정한다. userdata는 하나의 변수고, 여러 값을 효율적으로 전달하기 위해 복잡한 데이터 구조인 userdata를 전달했다는 것에 주목하자. 다음과 같이 콜백을 실행한다면 객체나 메뉴 항목의 콜백 함수 내부에서 사용자 데이터를 추출할 수 있다.

```
userdata = get(gcbo,'userdata');
```

두 번째 대안은 application data로 콜백 함수에 데이터를 전달하는 것이다. 복잡한 데이터 구조체 구성을 요구하지 않는다. 전달해야 하는 데이터 양이 얼마나 많은가에 따라 마지막 옵션은 빠른 메커니즘일 수 있다. 몇몇 다른 함수가 실수로 userdata 공간을 덮어 씌울 수 없다는 장점도 있다. 여러 값을 전달하는 stepappdata 함수를 사용해보자. 이번 예제에서는 애플리케이션 데이터인 주요 그리기 영역 축 핸들과 사용자 정의 범례 축 핸들을 유지한다.

```
setappdata(gcf,'mainAxes',[]);
setappdata(gcf,'labelAxes',[]);
```

사용자 정의 메뉴에서 사용자가 고른 새로운 선택인 그래픽을 지우는 콜백 함수를 실행하는 동안 시간을 각각 측정했다.

```
mainAxesHandle = getappdata(gcf,'mainAxes');
labelAxesHandles = getappdata(gcf,'labelAxes');
if ~isempty(mainAxesHandle),
  cla(mainAxesHandle);
  [mainAxesHandle, x, y, ci, cd] = ...
       redrawGrid(userdata.years, mainAxesHandle);
else
  [mainAxesHandle, x, y, ci, cd] = ...
    redrawGrid(userdata.years);
end

if ~isempty(labelAxesHandles)
  for ij = 1:length(labelAxesHandles)
    cla(labelAxesHandles(ij));
  end
end
```

콜백 함수에 데이터를 전달하는 세 번째 옵션은 함수 핸들과 추가 인자를 갖는 셀 배열을 제공하는 콜백 속성 정의 시점에 있다. 함수 핸들과 추가 인자는 다음 절에서 살펴볼 것이다. 데이터의 지역 복사본을 함수에 전달하는데 이 변수의 전역 값에 영향을 주지 않는다.

콜백 함수인 showData를 다음과 같이 제시한다. 함수 핸들 콜백을 사용하려는 함수를 정의할 때 최소한 두 입력 인자를 정의해야 하는데, 각각 콜백(이벤트의 소스)을 생성하는 객체의 핸들과 이벤트 데이터 구조체(일부 콜백인 경우 비어 있을 수 있음)다.

```
function showData(src, evt)

userdata = get(gcbo,'userdata');

if strcmp(get(gcbo,'tag'),'demographics')
    % 격자 그리기 코드 블록 호출
    % 관련 입력과 함께 showDemographics 호출
elseif strcmp(get(gcbo,'tag'),'IncomeGroups')
    % 격자 그리기 코드 블록 호출
    % 관련 입력과 함께 showIncomeGroups 호출
else
    % 격자 그리기 코드 블록 호출
    % 관련 입력과 함께 showDemographics 호출
    % 관련 입력과 함께 showIncomeGroups 호출
end

function labelAxesHandle = ...
        showDemographics(userdata, mainAxesHandle, x, y, cd)
    % 함수 특정 코드
end

function labelAxesHandle = ...
        showIncomeGroups(userdata, mainAxesHandle, x, y, ci)
    % 함수 특정 코드
end

function [mainAxesHandle x y ci cd] = ...
        redrawGrid(years, mainAxesHandle)
    % 격자 그리기 함수 특정 코드
end

end
```

데이터의 실제 플로팅에 대한 상세한 설명은 이번 예제의 정적 버전을 보여준 6장의 '서베이 플롯'의 예제와 동일하다.

부연 설명

이 절은 콜백 속성을 정의하는 시점에서 함수 핸들과 추가 인자를 갖는 셀 배열을 제공해 콜백 함수에 데이터를 전달하는 옵션을 보여준다. 다음과 같이 네 번째 하위 메뉴를 추가한다(소스 코드 주석 없는 45행).

```
uimenu(f,'Label',...
    'Alternative way to pass data to callback',...
    'Callback',{@showData1,userdataAB},'tag','blah');
```

showData1 함수를 다음과 같이 정의한다(소스 코드의 주석이 없는 49~51행).

```
function showData1(src, evt, arg1)
    disp(arg1.years);
end
```

함수를 실행한 후, 마지막 하위 메뉴인 Alternative way to pass data to callback 옵션을 선택했을 때 매트랩 콘솔에 표시한 years 변수 값을 볼 수 있다.

예제 통찰

▶ 그래픽으로 각 사용자 대화형에 대한 사용자 반응을 정의하기 위해 콜백 함수 사용
▶ 호출과 콜백 함수 간에 데이터를 공유하는 세 옵션 중 적절한 한 가지 사용 – 콜백 정의 시 인자인 데이터 전달이나 사용자 데이터 공간 혹은 애플리케이션 데이터 공간을 통해

참고 사항

매트랩 도움말에서 `setappdata`, `getappdata`, `userdata` 속성, `callback` 속성, `uimenu` 명령어를 찾아보라.

그래프로부터 사용자 입력 받기

사용자 입력은 하나 이상의 데이터 점에 레이블을 추가하는 등 데이터에 주석을 입력하거나 혹은 사용자가 그래픽에 경계선 정의를 설정할 때 적합하다. 이번 예제에서는 이런 요구를 지원하기 위해 매트랩을 사용하는 방법을 보여준다.

준비

이번 예제는 두 다른 염료 형광 판독으로 얻은 명도의 2차원 데이터 집합을 보여준다. 이 2D 공간 내 점의 일부 명확하게 식별할 수 있는 군집이 있다. 사용자는 그룹 점에 경계선을 그린 후, 그 군집을 식별할 수 있다. 데이터를 불러온다.

```
load clusterInteractivData
```

이번 예제에서 **영상처리 툴박스**™의 `imellipse` 함수를 사용한다. 매스웍스 웹사이트에서 평가판을 다운로드해 사용할 수 있다.[1]

예제 구현

다음과 같이 단계별로 함수를 구성한다.

---

1 http://www.mathworks.co.kr/programs/trials/trial_request.html?prodcode=IP&eventid=949575282&s_iid=main_trial_IP_tb — 옮긴이

1. 그래픽 내 푸시 버튼 요소의 콜백 함수 간 데이터를 공유하기 위해 사용자 데이터 변수를 설정한다..

```
userdata.symbChoice = {'+','x','o','s','^'};
userdata.boundDef = [];
userdata.X = X;
userdata.Y = Y;
userdata.Calls = ones(size(X));
set(gcf,'userdata',userdata);
```

2. 이 데이터의 초기 플롯을 만든다.

```
plot(userdata.X,userdata.Y,'k.','Markersize',18);
hold on;
```

3. 그래픽에 푸시 버튼 요소를 추가한다.

```
uicontrol('style','pushbutton',...
   'string','Add cluster boundaries?', ...
   'Callback',@addBound, ...
   'Position', [10 21 250 20],'fontsize',12);
uicontrol('style','pushbutton', ...
   'string','Classify', ...
   'Callback',@classifyPts, ...
   'Position', [270 21 100 20],'fontsize',12);
uicontrol('style','pushbutton', ...
   'string','Clear Boundaries', ...
   'Callback',@clearBounds, ...
   'Position', [380 21 150 20],'fontsize',12);
```

4. 각 푸시 버튼 요소별로 콜백을 정의한다. addBound 함수는 군집 경계선을 정의한다. 단계는 다음과 같다.

```
% userdata 데이터 조회
userdata = get(gcf,'userdata');
```

```
% 네 군집 경계선 정의 최대치 허용
if length(userdata.boundDef)>4
  msgbox('A maximum of four clusters allowed!');
  return;
end

% 사용자의 경계 곡선 정의 허용
h=imellipse(gca);

% 경계선 정의에 저장된 배열의 각 요소를 갖는 셀 배열에 경계선 정의 추가
userdata.boundDef{length(userdata.boundDef)+1} = ...
  h.getPosition;
set(gcf,'userdata',userdata);
```

5. classifyPts 함수는 경계선 정의마다 고유 기호와 함께 있는 주어진 경계선으로 둘러싸인 점을 그린다. 이 분류 함수에 사용된 로직은 간단하나 복잡한 경계선 정의로 인해 어려움을 겪을 것이다. 하지만 이번 예제에서는 중요하지 않으므로 무시한다. 먼저 그 좌표가 경계선 정의의 좌표에 정의된 범위에 놓여 있는 점을 찾는다. 그런 다음 경계선 안의 모든 점에 고유 기호를 할당한다.

```
for i = 1:length(userdata.boundDef)
  pts = ...
  find( (userdata.X>(userdata.boundDef{i}(:,1)))& ...
    (userdata.X<(userdata.boundDef{i}(:,1)+ ...
    userdata.boundDef{i}(:,3))) &...
    (userdata.Y>(userdata.boundDef{i}(:,2)))& ...
    (userdata.Y<(userdata.boundDef{i}(:,2)+ ...
    userdata.boundDef{i}(:,4))));
  userdata.Calls(pts) = i;
  plot(userdata.X(pts),userdata.Y(pts), ...
    [userdata.colorChoice{i} '.'], ...
    'Markersize',18); hold on;
  end
```

6. clearBounds 함수는 그려진 경계선을 지우고, 경계선 정의에 기반을 둔 군집을 제거한다.

```
function clearBounds(src, evt)
    cla;
    userdata = get(gcf,'userdata');
    userdata.boundDef = [];
    set(gcf,'userdata',userdata);
    plot(userdata.X,userdata.Y,'k.','Markersize',18);
    hold on;
end
```

7. 코드를 실행한 후 마우스로 군집 경계선을 정의한다. Classify 버튼을 클릭할 때까지 분류가 일어나지 않음에 주목하자. 나타나는 화면은 아래 그림과 같다(화살표와 점선 경계선은 사용자 대화형으로부터 커서 움직임을 묘사할 때 사용됨).

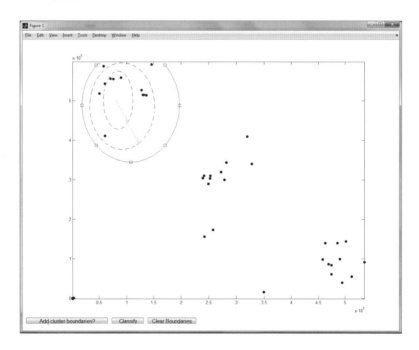

8. Classify를 클릭해 분류를 시작한다.

이 그래프는 특정 기호로 구성된 경계선 내부에 모든 점을 다시 그린 결과다.

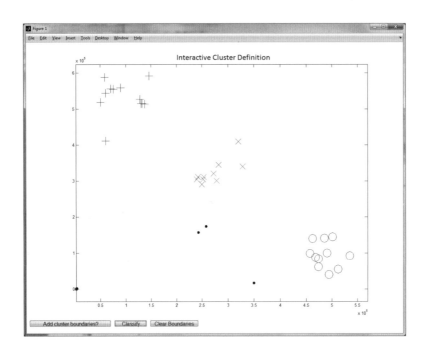

예제 분석

이번 예제에서는 생성한 결과에 영향을 주기 위해 그래픽 표시로부터 사용자 입력을 어떻게 받는지 보여줬다. 영상처리 툴박스에는 타원형 경계선을 그리는 imellipse 와 사각형 경계선을 그리는 imrect 같은 그래픽 표시에서 사용자의 마우스 클릭으로 입력할 수 있게 하는 여러 가지 함수가 있다. 영상처리 툴박스 제품 페이지에서 상세한 내용을 참조할 수 있다.

참고 사항

매트랩 도움말에서 `mlineimpoly`, `imfreehandimrect`, `imellipseginput` 명령어를
찾아보라.

연결된 축과 데이터 브러싱

매트랩은 플롯과 데이터 소스 간의 프로그램적 연결 생성과 다른 플롯 간의 연결을
허용한다. 이 기능은 데이터를 선택하고 다른 데이터와 구분할 수 있도록 표식하는
방법인 데이터 브러싱 지원으로 보강됐다. 데이터 소스에 플롯을 연결하는 것은 변
수 값을 조작하며, 플롯이 자동으로 변경 사항을 반영해 갱신할 수 있게 한다. 축 간
연결은 확대/축소나 팬 등의 동작을 활성화함으로써 모든 연결된 축의 뷰에 동시에
영향을 준다. 데이터 브러싱은 플롯에 있는 데이터를 직접 조작하고, 연결된 뷰에 조
작이나 선택의 효과를 반영한다. 이런 기능은 데이터의 다른 측면의 실시간으로 동
기화된 뷰를 제공할 수 있다.

준비

앞의 예제와 동일한 군집 데이터를 사용한다. 각 점은 x와 y값의 쌍으로 나타난다.
각 점의 각도는 x값에 대한 y값 비율의 역 탄젠트로 계산할 수 있다. 각 점의 진폭은
x와 y값을 제곱해 합한 값의 제곱근으로 계산할 수 있다. 첫 번째 행의 주 패널은 분

산형 플롯 내 데이터를 보여준다. 두 번째 행의 두 플롯은 각각 각 점의 각도와 진폭 값을 보여준다. 세 번째 행의 네 번째와 다섯 번째 패널은 x와 y값의 히스토그램을 각각 보여준다. 데이터를 불러온 후, 이미 언급했듯이 각도와 진폭 값을 계산한다.

```
load clusterInteractivData
data(:,1) = X;
data(:,2) = Y;
data(:,3) = atan(Y./X);
data(:,4) = sqrt(X.^2 + Y.^2);
clear X Y
```

예제 구현

다음과 같이 단계별로 수행한다.

1. 기초 데이터를 플롯한다.

```
axes('position',[.3196 .6191 .3537 .3211], ...
  'Fontsize',12);
scatter(data(:,1), data(:,2),'ks', ...
  'XDataSource','data(:,1)','YDataSource','data(:,2)');
box on;
xlabel('Dye 1 Intensity');
ylabel('Dye 1 Intensity');title('Cluster Plot');
```

2. 각도 데이터를 플롯한다.

```
axes('position',[.0682 .3009 .4051 .2240], ...
  'Fontsize',12);
scatter(1:length(data),data(:,3),'ks',...
  'YDataSource','data(:,3)');
box on;
xlabel('Serial Number of Points');
```

```
title('Angle made by each point to the x axis');
ylabel('tan^{-1}(Y/X)');
```

3. 진폭 데이터를 플롯한다.

```
axes('position',[.5588 .3009 .4051 .2240], ...
  'Fontsize',12);
scatter(1:length(data),data(:,4),'ks', ...
  'YDataSource','data(:,4)');
box on;
xlabel('Serial Number of Points');
title('Amplitude of each point');
ylabel('{\surd(X^2 + Y^2)}');
```

4. 두 히스토그램을 플롯한다.

```
axes('position',[.0682 .0407 .4051 .1730], ...
  'Fontsize',12);
hist(data(:,1)); title('Histogram of Dye 1 Intensities');

axes('position',[.5588 .0407 .4051 .1730], ...
  'Fontsize',12);
hist(data(:,2));
title('Histogram of Dye 2 Intensities');
```

결과는 다음과 같다.

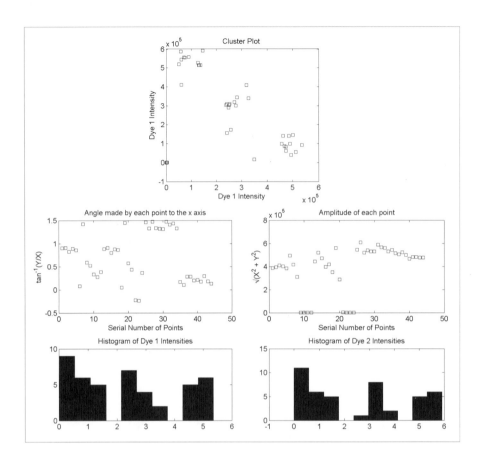

5. 해당 소스에 데이터를 프로그램적으로 연결한다.

```
linkdata;
```

프로그램적으로 브러싱을 켠 후, 브러시 색상을 녹색으로 설정한다.

```
h = brush;
set(h,'Color',[0 1 0],'Enable','on');
```

점 집합을 칠하기 위해 마우스 움직임을 이용한다. 첫 세 패널 중 임의로 하나에 수행한 후, 녹색으로 바꿈으로써 다른 그래프의 대응하는 점에 영향

을 줬음을 관찰할 수 있었다(화살표와 점선 경계선은 다음 그림의 사용자 대화형
으로부터 커서 움직임을 묘사할 때 사용된다).

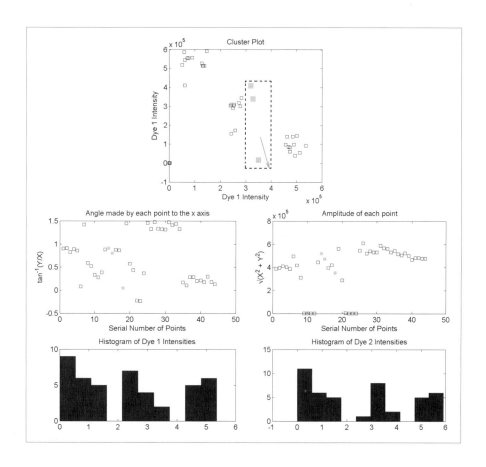

예제 분석

브러싱을 켰기 때문에 그래프 영역의 아무 데나 마우스로 포커스했을 때, 커서에
십자선이 나타난다. 그래프의 영역을 선택하기 위해 드래그할 수 있다. 1행과 2행
의 그래프 경우, 선택한 영역 안에 속한 점을 녹색으로 칠한다. 현 시점에서 히스토
그램에는 아무것도 강조되지 않았음에 주목하자. 히스토그램의 x와 y 데이터 소스

는 데이터 소스 변수에 아직 올바르게 연결되지 않았기 때문이다. 다른 그래프 경우 XDataSource와 YDataSource 속성을 통해 x와 y 데이터 소스를 프로그램적으로 설정한다. 또한 그래픽에 연결하는 소스 데이터 변수를 정의할 수 있고, 다음 그림과 같이 그림창 툴바의 아이콘을 이용해 브러싱을 켤 수 있다. 첫 번째 원은 브러시 버튼이고 번째 원은 연결 데이터 버튼이다. x와 y 소스를 정확하게 정의하기 위해 화살표가 가리키는 Edit을 클릭할 수 있다.

부연 설명

그래프에 연결하기 위해 소스 데이터 변수를 정의하고, 그림창 툴바의 아이콘을 이용해 브러싱을 켜려면 다음과 같이 수행한다.

1. Edit을 클릭(앞의 그림에서 가리킴)하면 다음 창이 나타난다.

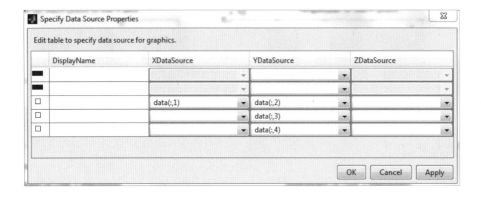

2. 1행의 YDataSource 열에 data(:,1)을 입력하고, 2행의 YDataSource 열에 data(:,2)를 입력한다.

296

3. 이제 다시 브러싱해본다. 선택한 점에 대응하는 것이 하단의 히스토그램 빈에 강조됐음을 살펴보자(다시 말하지만 화살표와 점선 경계선은 사용자 대화형으로부터 커서 움직임을 묘사할 때 사용된다).

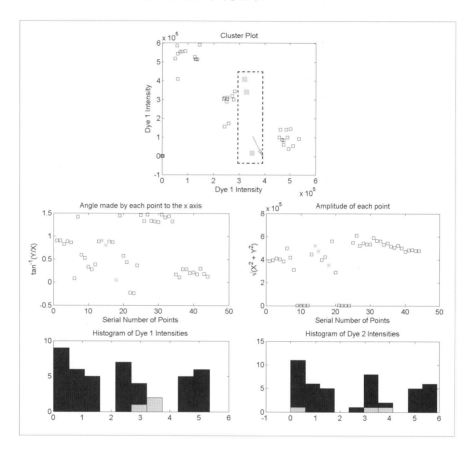

4. 동일한 데이터 점의 여러 측면을 동시에 조사하기 위해 축을 함께 연결한다. 예로 이 단계에서는 군집 데이터를 데이터의 각 점에 대한 무작위 품질 값과 함께 플롯한다. 축을 연결하면 확대/축소와 팬 기능 모두 다른 연결된 축의 해당 축에 영향을 준다.

```
axes('position',[.13 .11 .34 .71]);
scatter(data(:,1), data(:,2),'ks');box on;
```

```
axes('position',[.57 .11 .34 .71]);
scatter(data(:,1), data(:,2),[],rand(size(data,1),1), ...
    'marker','o', 'LineWidth',2);box on;
linkaxes;
```

결과는 다음과 같다. 이 그래프에서 확대/축소와 팬 기능을 실험해보자.

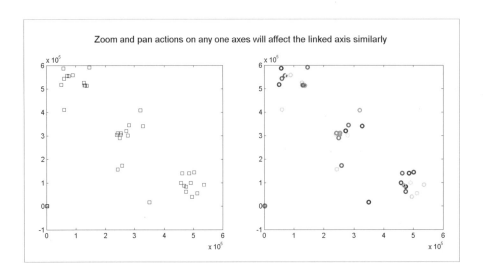

 예제 통찰

▶ 데이터의 다른 측면의 실시간으로 동기화된 뷰를 제공할 때 **데이터 브러싱과 연결된 축** 특징 사용

참고 사항

매트랩 도움말에서 inkdata, linkaxes, brush 명령어를 찾아보라.

확대경 데모

이번 예제를 위해 **가상 확대경**virtual magnifying glass 함수를 개발했다. 이 함수를 사용하면 임의 영상을 불러온 후, 자세한 조사를 위한 가상 확대경을 커서 끝에 실행할 수 있다. 이번 예제는 미징 챙Mingjing Zhang이 매트랩 센트럴 파일 익스체인지에 투고한 것을 개작했다.

준비

채운 우물 구멍과 빈 우물 구멍이 분포한 미량정량판microtiter plate 영상을 불러온다.

```
userdata.img_rgb = imread('sampleImage.png');
```

예제 구현

다음과 같이 단계별로 수행한다.

1. 커서 움직임에 반응해 발생하도록 콜백 함수를 전달하는 인자를 정의한다.

```
% 영상 크기
userdata.size_img = size(userdata.img_rgb);
% 시작 시간
% (영상을 얼마나 자주 갱신해야 하는지 결정하기 위해 프레임률과 함께 사용)
userdata.start_time = tic;
% 프레임률
userdata.FPS = 20;
% 확대 지수
userdata.MagPower = 2;
% 확대기의 반경
userdata.MagRadius = 100;
% 확대하기 위한 영상의 반경
userdata.PreMagRadius = userdata.MagRadius./userdata.MagPower;
userdata.alreadyDrawn = 0;
```

2. 그림창과 축을 설정한다.

```
MainFigureHdl = figure('Name', 'Magnifier Demo', ...
  'NumberTitle' ,'off', ...
  'Units', 'normalized', ...
  'Position', [.1854 .0963 .4599 .8083], ...
  'MenuBar', 'figure', ...
  'Renderer', 'opengl');
MainAxesHdl = axes('Parent', MainFigureHdl, ...
  'Units', 'normalized',...
  'Position', [0 0 1 1], ...
  'color', [0 0 0], ...
  'YDir', 'reverse', ...
  'NextPlot', 'add', ...
  'Visible', 'on');
```

3. 초기 영상과 초기 커서 끝 위치에 있는 초기 확대 영상을 플롯한다.

```
userdata.img_hdl = image(0,0,userdata.img_rgb);
axis tight
% The magnified image object
userdata.mag_img_hdl = image(0,0,[]);
userdata.mag_img = ...
  userdata.img_rgb(1:userdata.PreMagRadius*2+1,...
  1:userdata.PreMagRadius*2+1,:);
```

4. 확대 영상용 원형 마스크를 생성한다.

```
[x y] = ...
  meshgrid(-userdata.PreMagRadius:userdata.PreMagRadius);
dist = double(sqrt(x.^2+y.^2)); % dist pixel to center
in_circle_log = dist<userdata.PreMagRadius-1;
out_circle_log = dist>userdata.PreMagRadius+1;
dist(in_circle_log) = 0;
dist(out_circle_log) = 1;
```

300

```
dist(~(in_circle_log|out_circle_log)) = ...
    (dist(~(in_circle_log|out_circle_log)) - ...
    (userdata.PreMagRadius-1))./2;
userdata.mask_img = 1 - dist;
```

5. 영상 객체를 초기화한다.

```
set(userdata.mag_img_hdl, 'CData',userdata.mag_img, ...
    'AlphaData', userdata.mask_img);
% 콜백 함수 지정
set(MainFigureHdl,'userdata',userdata,...
    'WindowButtonMotionFcn',...
    @stl_magnifier_WindowButtonMotionFcn);
```

6. 다음으로는 콜백 함수를 정의한다. 이 함수는 커서 끝에 정의된 마스크 내의 영상 화소를 선택한 후, 해당 위치에 그 확대 버전을 표시한다.

```
function stl_magnifier_WindowButtonMotionFcn(obj,event)

    % 파라미터 추출
    userdata = get(gcbo,'userdata');

    % 정의된 프레임률마다 영상을 갱신할지 결정
    cur_time = toc(userdata.start_time);
    curFrameNo = floor(cur_time.*userdata.FPS);

    % 프레임에 아무 것도 그려지지 않았다면
    if userdata.alreadyDrawn < curFrameNo
      mag_pos = get(obj,'CurrentPoint');
      mag_pos(1) = ...
        round(size(userdata.img_rgb,2)*mag_pos(1));
      mag_pos(2) = size(userdata.img_rgb,2) - ...
        round(size(userdata.img_rgb,2)*mag_pos(2))+1;

      % 확대하기 위한 영상 일부의 크기
      % 영상의 바깥인 경우 잘라낼 범위
```

```matlab
    mag_x = mag_pos(1)+[-userdata.PreMagRadius ...
    userdata.PreMagRadius];
    mag_x_cropped = min(max(mag_x, 1),...
    userdata.size_img(2));
    mag_y = mag_pos(2)+[-userdata.PreMagRadius ...
    userdata.PreMagRadius];
    mag_y_cropped = min(max(mag_y, 1),...
    userdata.size_img(1));

    % 영상의 확대 부분을 취함
    userdata.mag_img([mag_y_cropped(1):...
    mag_y_cropped(2)]-mag_pos(2)+...
    userdata.PreMagRadius+1,...
    [mag_x_cropped(1):mag_x_cropped(2)]-...
    mag_pos(1)+userdata.PreMagRadius+1,:) = ...
    userdata.img_rgb(mag_y_cropped(1):...
    mag_y_cropped(2),...
    mag_x_cropped(1):mag_x_cropped(2),:);

    % 실제 크기의 두 배인 영상을 보여줌
    set(userdata.mag_img_hdl, 'CData', ...
    userdata.mag_img,'XData', mag_pos(1)+...
    [-userdata.MagRadius userdata.MagRadius], ...
    'YData', mag_pos(2)+[-userdata.MagRadius ...
    userdata.MagRadius]);

    % 객체 갱신
    drawnow;
    userdata.alreadyDrawn = curFrameNo;
  end
  set(gcf,'userdata',userdata);
end
```

실제 최종 소프트웨어의 뷰는 다음과 같다(점선은 커서 움직임을 묘사하고, 화살표는 커서 위치를 나타낸다).

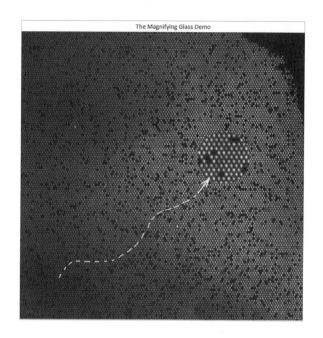

예제 분석

콜백 함수는 커서 위치 좌표에 접근한 후, 커서 위치와 원형 확대경 마스크의 반경을 가감해 확대기의 중심 좌표를 계산한다. 그다음에는 주 영상의 좌표를 넘어선 위치에 접근할 수 없도록 하기 위해 이 좌표를 잘라낸다. 그런 다음 원래 크기의 두 배로 영상을 플롯한다.

 예제 통찰

▶ 임의 영상을 불러온 후에 커서 끝에서 대상을 자세하게 조사할 때 가상 확대경 사용

참고 사항

매트랩 도움말에서 image와 WindowButtonMotionFcn 명령어를 찾아보라.

캡처한 프레임으로 애니메이션 재생

애니메이션은 스토리를 말하는 영상의 시퀀스다. 시퀀스는 프레임에서 프레임으로 많이 바뀌고, 애니메이션에 대한 최적의 접근은 영화처럼 몇 가지 의미 있는 속도로 재생하는 것이며, 핵심은 실시간으로 렌더링하지 않는다는 것이다. 정확히 말하면 미리 생성한 일련 영상을 재생하는 것이다. 이번 예제에서 사전에 렌더링한 일련 영상을 재생하는 개념을 분석한다.

준비

매트랩은 5장의 '빅 리그에서 3차원 데이터 출력 다루기'에서 광범위하게 사용했던 뇌 MRI 단면의 데이터 집합을 제공한다. 우선 데이터를 불러온다.

```
load MRI
```

예제 구현

다음과 같이 단계별로 수행한다.

1. 첫 번째 방법은 각 출력 프레임을 수집하는 getframe 명령어를 사용한 후, movie 명령어를 이용해 재생하는 것이다. 프레임을 만드는 image 명령어를 호출하면 다른 프레임의 실시간 렌더링을 볼 수 있음에 주목하자. movie 명령어는 영상의 실제 오프라인 재생을 수행한다.

```
figure;
for image_num = 1:27
  image(D(:,:,image_num));colormap(map);
  f(image_num) = getframe;
end
close;
movie(f);
```

2. 다른 대안은 AVI^Audio Video Interface 객체의 일부로 프레임을 기록한 후, 임의의 미디어 플레이어에서 재생할 수 있는 avi 파일로 저장하는 것이다.

```
aviobj = avifile('example.avi','fps',3,...
  'quality',100,'compression','none');
for image_num = 1:27
  image(D(:,:,image_num));
  colormap(map);
  aviobj = addframe(aviobj,getframe);
end
aviobj = close(aviobj);
close;
```

3. 또 다른 대안은 imwrite 명령어를 사용해서 gif 포맷으로 저장하는 것이다. 다음과 같이 애니메이션의 프레임률과 다른 파라미터를 설정할 수 있다.

```
imwrite(D,map,'letsTry.gif','gif', 'DelayTime',2,...
  'Location', [503 289], 'LoopCount',7);
```

예제 분석

이번 예제에서는 기본적으로 영상의 스냅샷을 찍어 저장한 후, 나중에 재생할 수 있게 준비를 했다. getframe은 현재 축이나 그림창의 스냅샷(픽스맵)을 반환한다. 영상을 렌더링할 때까지 기다리는 동안 화면보호기가 실행됐거나 그림창이 플롯될 자리에 브라우저를 열었다면, 화면보호기 또는 그림창과 동일한 위치에 놓인 무엇이든 그 화숏값이 캡처된다는 것에 주의하자. 가상 데스크탑을 원격으로 실행 중일 때 현재 데스크탑을 성공적으로 캡처하기 위해서는 가상 데스크탑 창을 활성화해야 한다.

avifile 명령어는 **avifile** 객체를 생성한다. 앞서 살펴봤듯이 **프레임률, 품질, 압축** 코덱 같은 몇 개의 파라미터를 지정할 수 있으며, 이 명령어는 파라미터와 값을 쌍으로 사용한다.

imwrite 명령어는 영상 D를 지정 포맷의 파일 이름으로 설정된 파일에 쓴다. 포맷 지정 파라미터는 속성 이름과 값이 쌍으로 제공될 수 있다. 이번 예제에서는 지연 시간과 .gif 포맷의 플롯 위치와 반복문 횟수를 설정했다. 지연 시간은 각 프레임을 얼마나 길게 띄울지를 참조한다. 반복문 횟수는 중지하기 전에 애니메이션을 몇 번 반복할지 설정한다.

부연 설명

부드러운 재생을 가능하게 하는 방법 중 하나는 두 스냅샷 간의 중간 영상을 생성하는 것이다. 여기서 제르커 와그베르그^{Jerker Wågberg}가 매트랩 파일 익스체인지에 투고한 anymate 함수를 사용해 생성한다. anymate 함수는 핸들 그래픽 객체의 속성 변화를 분석하고, 브레이크라고 하는 각각의 주어진 상태 간의 부드러운 변환을 생성하기 위해 변화 사이를 보간할 수 있다. 애니메이션을 생성하기 위해 anymate는 각 브레이크의 모든 핸들 그래픽 객체의 값을 수집한 후, 시연을 위한 브레이크 간의 진짜 변화를 추정한다. 다음과 같이 애니메이션을 생성을 수행하며, 주어진 프레임 간을 부드럽게 보간한다.

```
D_less = D(:,:,1,1:2:end);
for image_num = 1:size(D_less,4)-1;
  figure; image(D_less(:,:,image_num));
  colormap(map);
end

anymate;
```

결과는 다음과 같다.

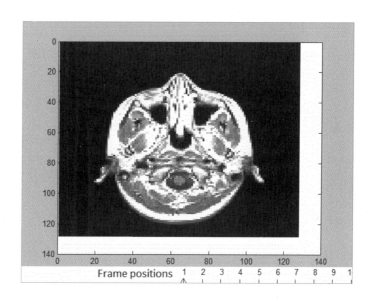

 예제 통찰

- ▶ 시간이나 공간에 있는 데이터의 진화를 보여줄 때 **사전 렌더링한 프레임 캡처 재생** 사용
- ▶ 소수의 활용 가능한 타임 랩스 스냅샷을 대상으로 **부드러운 재생을 만드는 영상 보간 기술** 사용

흐름 입자 애니메이션

흐름 입자 애니메이션stream particle animation은 흐름 방향과 벡터 필드의 속도를 시각화할 때 유용하다. '입자'는 선 표식으로 표현하고, 특정 흐름선에 따라가는 흐름을 추적한다. 애니메이션의 각 입자의 속도는 흐름선에 따라가는 임의 주어진 점에 있는 벡터 필드의 크기에 비례한다.

준비

이번 예제는 매트랩 설치 시 딸려 있는 바람 흐름 데이터의 특정 부분인 흐름선 경로를 추적하는 흐름 입자 애니메이션을 구축한다. 데이터 집합을 불러온다.

```
load wind
```

예제 구현

다음과 같이 단계별로 수행한다.

1. 데이터의 범위를 조사한 후, 이번 애니메이션에서 사용하려는 횡단면을 결정하기 위해 다른 x, y와 z값을 실험한다.

   ```
   disp([min(x(:)) max(x(:)) min(y(:)) max(y(:)) ...
     min(z(:)) max(z(:))]);
   ```

2. 구성될 흐름선이 위에 있는 메시mesh를 정의한다.

   ```
   [sx sy sz] = meshgrid(85:20:100, 20:2:50, 6);
   ```

3. 흐름선을 정의한다.

   ```
   verts = stream3(x,y,z,u,v,w,sx,sy,sz);
   sl = streamline(verts);
   ```

4. 뷰를 정의한다.

   ```
   axis tight; box on; grid on;
   daspect([19.9445 15.1002 1.0000]);
   campos([ -165.7946 -223.0056 11.0223]);
   ```

5. 입자를 배치할 꼭지점을 선택한다.

   ```
   iverts = interpstreamspeed(x,y,z,u,v,w,verts,0.08);
   ```

6. 애니메이션을 시작한다.

```
set(gca,'drawmode','fast');
streamparticles(iverts,15,...
   'FrameRate',5,...
   'Animate',10,...
   'ParticleAlignment','on',...
   'MarkerEdgeColor','green',...
   'MarkerFaceColor','green',...
   'Marker','o');
```

결과는 다음과 같다.

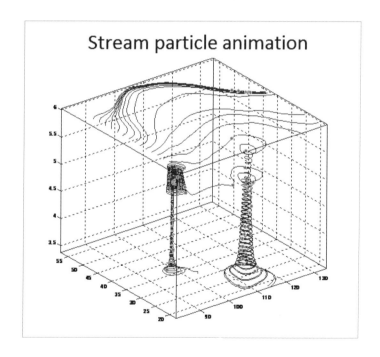

예제 분석

5장의 '빅 리그에서 3차원 데이터 출력 다루기'에서 stream3과 streamline 명령어를 이미 접했다. 이 명령어는 이동하는 입자의 경로를 생성하도록 하므로, 애니메이션의 시각적 문맥이 가능해진다. 모든 애니메이션은 평면 z=6에서 시작한다. compos 함수는 애니메이션이 관찰되는 곳에서 카메라의 위치를 설정한다. 데이터 양상 설정은 x와 y축에 따라 더 큰 해상도를 제공한다.

interpstreamspeed 함수는 그려져야 하는 입자가 있는 꼭지점을 반환한다. 경로가 제공됐다면 모든 꼭지점을 그릴 필요가 없다. 특정 단계에 나타나도록 한다면 원하는 효과를 생성하기에 충분하다. 보간된 꼭지점의 개수를 늘리거나 줄여 입자가 이동하는 속도를 조정할 수 있다. 이번 예제에서는 보간된 꼭지점 개수가 늘어나도록 속도를 0.08로 조정했다.

애니메이션을 더 빠르게 실행하도록 축 속성인 DrawMode를 fast로 설정했다.

streamparticles 함수는 시각화에 영향을 주도록 속성의 개수를 설정할 수 있게 해준다. 3D 꼭지점 외에 이 명령어는 정수 인자 n을 취하며, 여기서는 15로 설정하며 입자를 얼마나 많이 그릴지 결정한다. 그다음 ParticleAlignment 속성을 On으로 설정한다. n은 가장 많은 꼭지점을 갖는 흐름선에 있는 입자의 개수로 해석되며, 이 값으로 다른 흐름선의 간격을 설정한다.

추가로 FrameRate로 초당 5프레임으로 띄우는 등 속성을 설정한다. 이는 애니메이션이 얼마나 빠르게 바뀌는가에 영향을 준다. Animate 속성을 10번으로 하면 중지하기 전에 전체 시퀀스를 10번 실행함을 뜻한다. MarkerEdgeColor, MarkerFaceColor, Marker 속성은 실제 입자 모습에 영향을 주는 방법이다. 표식 에지를 그리지 않았다면 애니메이션이 더 빠르게 실행된다. 따라서 MarkerEdgeColor 속성 경우 none 값을 권장한다.

z 평면의 입자는 나선형을 따라가는 입자보다 매우 빠르게 이동함을 주목하자.

예제 통찰

▶ 시간 안의 입자 흐름을 관찰할 때는 선택한(매트랩 명령어로 생성한 흐름선 포함) 임의 경로를 따라가는 **흐름 입자 애니메이션** 사용

참고 사항

매트랩 도움말에서 `interpstreamspeed`와 `streamlineparticles` 명령어를 찾아 보라.

차트 요소의 점진적인 변화를 통한 애니메이션

애니메이션에 대한 대안적인 접근법은 화면 내 객체를 끊임없이 **지우고 다시 그리** 는 것이다. 각각의 다시 그리기redraw는 점진적인 변화를 만든다. 이런 방법 중 하나 는 모든 변화에 대한 XData, YData, ZData 및 또는 CData 플롯 객체 속성을 재정의 한 후, drawnow 다음으로 refreshdata를 호출하거나 동일하게 플롯을 데이터 소스 에 연결해 refreshdata와 drawnow를 암시적으로 호출함으로써 소스 데이터가 바뀔 때마다 플롯을 매번 갱신하는 것이다. 이런 대안적인 방법은 렌더링 정확도 측면에 서 한정된 비용으로 더 빠른 렌더링을 가능하게 해준다. 이번 예제에서는 지우고 다 시 그리는 전략을 이용해 애니메이션을 생성한다.

준비

이번 예제는 두 함수 간의 합성곱 과정을 보여주며, 라이네 베르하네 카흐세이Laine Berhane Kahsay가 합성곱에 관해 파일 익스체인지에 투고한 것을 개작했다. 합성곱 convolution은 두 함수 f와 g에 관한 수학적 연산으로 원본 함수 중 하나의 수정된 버

전인 세 번째 함수를 만들어내며, 두 번째 함수가 이동한 총량의 함수이므로 두 함수 간의 겹치는 영역을 제공한다. 이번 예제는 포물선과 사각형 함수를 사용한다. 데이터를 생성하자. 각 함수의 x값의 범위를 정의하고, 각 함수에 대한 y값 정의를 수반한다.

```matlab
%% 데이터 생성
s_int = 0.1;                    % 표본 간격 상수
t = -10:s_int:10;              % 함수 'f(t)' 간격
f = 0.1*(t.^2);               % 함수 'f(t)' 정의
t1 = -7:s_int:7;              % 함수 'g(t1)' 간격
go = [-1*ones(1,40) ones(1, 61) -1*ones(1, 40)];
                              % 함수 'g(t1)' 정의
c = s_int * conv(f, go);     % 합성곱: 표본 간격을 곱함에 주목

% 그래픽 합성곱 g = go(-t1)을 위한 'go(t1)' 반전
g = fliplr(go);
tf = fliplr(-t1);

% 합성곱 시 'f'가 있는 겹침 없는 영역을 버리기 위한 'g'의 범위 슬라이드
tf = tf + ( min(t)-max(tf) );

% 'f(t)'와 'go(t1)'를 합성곱한 'c' 함수의 범위 가져옴
tc = [ tf t(2:end)];
tc = tc+max(t1);
```

예제 구현

다음과 같이 단계별로 수행한다.

1. 데이터의 정적 부분을 세 패널 그래픽 집합 안에 플롯한다.

   ```matlab
   figure('units','normalized','Position', [.16 .14 .31 .69]);

   % 패널 1에서 f(t)와 g0(t1) 플롯
   ```

```
subplot(3,1,1);
op = plot(t,f, 'b'); hold on;
plot(t1, go, 'r');grid on;
xlim( [ ( min(t)-abs(max(tf)-min(tf)) - 1 ) ...
    ( max(t)+abs(max(tf)-min(tf)) + 1 ) ] );
title('Graph of f(t) and go(t)');
legend({'f(t)' 'go(t)'});

% 패널 2에서 f와 g 플롯
% 두 수직 선은 두 함수 간에 겹치는 영역을 보여줌
% 겹치는 영역에 노란색 추가
subplot(3,1,2);
plot(t, f);hold on; grid on;
title('Graphical Convolution: f(t) and g = go(-t1)');
q = plot(tf, g, 'r');
xlim( [ ( min(t)-abs(max(tf)-min(tf))-1 ) ...
    ( max(t)+abs(max(tf)-min(tf))+1 ) ] );
u_ym = get(gca, 'ylim');
% 겹치는 영역에 경계와 음영 추가
s_l = line( [min(t) min(t)], ...
    [u_ym(1) u_ym(2)], 'color', 'g' );
e_l = line( [min(t) min(t)], ...
    [u_ym(1) u_ym(2)], 'color', 'g' );
sg = rectangle('Position', ...
    [min(t) u_ym(1) 0.0001 u_ym(2)-u_ym(1)], ...
    'EdgeColor', 'w', 'FaceColor', 'y', ...
    'EraseMode', 'xor');

% 패널 3의 합성곱 결과
subplot(3,1,3);
r = plot(tc, c);grid on; hold on;
xlim( [ ( min(t)-abs(max(tf)-min(tf)) - 1 ) ...
    ( max(t)+abs(max(tf)-min(tf)) + 1 ) ] );
title('Convolutional Product c(t)');
```

결과는 다음과 같다.

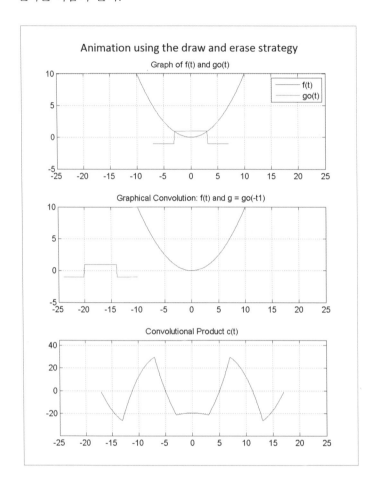

2. 애니메이션 블록 즉, 시간 범위별로 단계를 수행해 합성곱의 효과를 보여
   준다. 사용자가 효과를 관찰할 수 있도록 각 단계에서 일정 시간 동안 중
   지한다.

```
for i=1:length(tc)

    pause(0.1);
```

```
% 슬라이딩 함수 'g'의 위치 갱신
% 해당 핸들은 'q' 임
tf=tf+s_int;
set(q,'EraseMode','xor','XData',tf,'YData',g);

% 겹치는 영역의 왼쪽 경계선인 수직선을 보여 줌
sx = min( max( tf(1), min(t) ), max(t) );
sx_a = [sx sx];
set(s_l,'EraseMode','xor', 'XData', sx_a);

% 겹치는 영역의 오른쪽 경계선인 두 번째 수직선을 보여 줌
ex = min( tf(end), max(t) );
ex_a = [ex ex];
set(e_l,'EraseMode','xor', 'XData', ex_a);

% 겹치는 영역에 있는 음영 갱신
rpos = [sx u_ym(1) max(0.0001, ex-sx) u_ym(2)-u_ym(1)];
set(sg, 'Position', rpos);

% 합성곱 'c'의 플롯 갱신,
% 해당 핸들은 r임
set(r,'EraseMode','xor','XData',tc(1:i),'YData',c(1:i) );

end
```

결과는 다음과 같다.

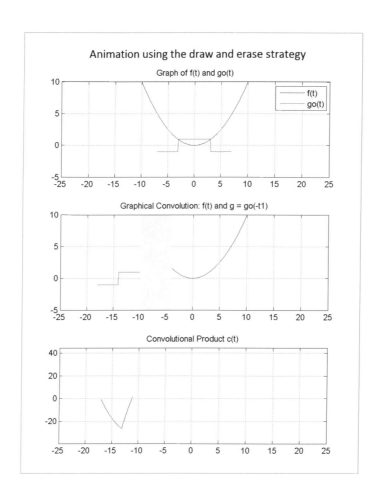

예제 분석

주요 아이디어는 애니메이션의 모든 단계에서 변화가 필요한 항목의 핸들을 추출하는 것이다. 두 경계선(각각 s_l과 e_l 핸들)과 두 함수 슬라이딩 함수 g(핸들 q)와 합성 곱 c(핸들 r) 간의 겹친 영역을 구분하는 음영 노란색 사각형(sg 핸들)을 포함한다. 각 객체의 경우 표시될 새로운 데이터를 각 단계에서 계산한 후, 해당 객체의 XData와 YData 속성을 새로운 값을 표시하도록 설정한다(위치 좌표가 갱신되는 사각형을 제외함).

각 단계에서는 데이터를 갱신하고, 새로 그리는 수고가 필요하다. xdatasource나 ydatasource 객체 속성을 사용함으로 인해 데이터를 갱신한다면, 그래프의 데이터를 실제로 갱신하는 refreshdata 함수를 명시적으로 호출해야 한다. 여기서는 데이터 속성을 직접 조작하므로, 명시적으로 refreshdata를 호출하지 않는다. 또한 변화를 반영하는 drawnow 함수를 명시적으로 호출하지 않는다. drawnow를 호출할 필요가 없는 이유는 각 반복마다 pause를 호출하기 때문이다. 모든 변화된 핸들을 다시 그려야 함을 암시한다.

모든 핸들에 대한 EraseMode 속성을 xor로 설정했다. xor는 아래 화면의 색상과 배타적 OR(XOR)을 수행해 요소를 그리고 지울 수 있게 한다. 이 모드는 선 아래에 있는 객체의 색상에 손상을 주지 않는다.

 예제 통찰

▶ 애니메이션을 생성할 때는 각 단계별 점진적인 변화를 만드는, **지우고 다시 그리는 전략 사용**

참고 사항

매트랩 도움말에서 EraseMode, XData, YData, refreshdata, drawnow 속성을 찾아보라.

8

출판과 발표를 위한
그래픽 완성

이 장에서 다루는 내용

- 포맷과 해상도 내보내기
- 문서 안에 들어가는 벡터 그래픽
- 화면 폰트 크기와 종횡비 보존
- 코드와 그래픽을 웹페이지에 게시

소개

그래픽은 대상 시청자가 소비할 수 있도록 전자 포맷이든 인쇄된 하드 카피로든 나타날 수 있다. 영상 품질과 서식 요구 사항은 최종 발표 목표에 따라 많이 다르다. 8장의 예제는 그래픽을 알맞게 완성하는 매트랩의 기능을 보여준다.

발표나 게시를 위해 그래픽을 설계할 때 다음과 같이 몇 가지 일반적인 고려 사항을 염두에 두어야 한다(참고문헌 : Society for Imaging and Technology).

 예제 통찰

- ▶ 시청에 주어지는 시간은 디스플레이에 채워진 정보량에 비례해야 한다.
- ▶ 그래프에 가능하면 색상을 사용하는 것이 좋지만 패턴을 사용하기도 하는데, 인쇄 포맷에서 색상을 사용하지 못할 수도 있기 때문이다.
- ▶ 모든 청중들이 볼 수 있게 하기 위해 영상이 투영될 때 가로로 긴 포맷을 사용한다. 되도록이면 모서리에 중요한 데이터를 배치하지 말아야 한다.
- ▶ 가능하다면 CRT의 경우 4:3 종횡비를, 슬라이드의 경우 3:2 종횡비를 사용한다.

포맷과 해상도 내보내기

그래픽을 내보낼 때 선택할 수 있는 포맷과 해상도의 범위가 있다. 서로 다른 포맷은 고유의 강점과 한계를 갖기 때문에 출판 인쇄하기 위한 미리보기나 온라인 출판 등의 서로 다른 니즈를 충족한다. 이번 예제에서는 포맷과 해상도를 내보내는 매트랩의 옵션을 보여준다.

준비

매트랩에서 그래픽을 생성한다.

```
peaks; view(2); shading interp;
```

예제 구현

다음과 같이 단계별로 수행한다.

1. 현재 그래픽을 원하는 압축 수준과 해상도를 갖는 JPEG 영상 파일로 내보내는 print 명령어를 사용한다.

   ```
   print(gcf,'-djpeg100','-r200','3165_08_01_1.jpeg');
   ```

   압축 수준은 JPEG 파일 포맷의 압축 정도를 결정한다. 결과는 다음과 같다.

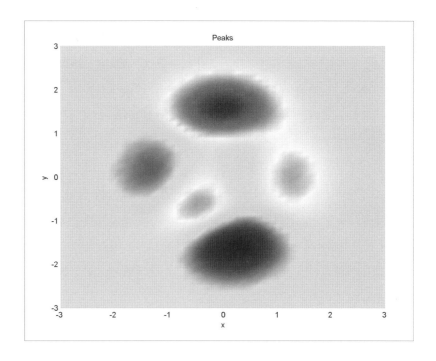

예제 분석

그래픽을 특정 포맷인 영상 파일에 쓸 때 `print` 명령어를 사용했다. 간단한 그래프를 매트랩 핸들을 이용해 **JPEG** 파일인 그림으로 인쇄했다.

또한 결과 그림의 **해상도**를 설정하는 -rX 옵션을 사용했다. 해상도는 그림을 얼마나 정확하게 인쇄할지를 결정한다. 높은 해상도는 고품질의 결과를 만든다. 물론 고해상도는 렌더링하기엔 느리며 메모리를 많이 소모한다. X는 **DIP**, 즉 인치당 도트 _{dots per inch} 값이다. DPI 값은 영상을 얼마나 크게 인쇄할지에 관한 명령인데, 디지털로 저장된 영상은 종속된 물리적인 공간을 갖지 않기 때문이다. DPI는 프린터의 잉크 도트의 물리적인 농도로 해석할 수 있다. 혹은 더 일반적으로 디지털 영상은 **PPI** _{pixels per inch}(인치당 화소) 사양과 동등하다. 큰 PPI는 인쇄했을 때 보이는 영상이 더 또렷하도록 정의한다.

또한 해상도의 구체적인 정의는 그림의 결과가 **비트맵**인지 **벡터 그래픽**인지에 따라 다르다. 비트맵은 그래픽을 화소의 2D 배열로 저장한다. 벡터 포맷은 그래프를 기하 객체로 저장하고 그리는 ^{drawing} 명령어를 이용해 렌더링한다. 비트맵은 매우 복잡한 플롯에 적합한데, 매우 복잡한 플롯의 예로는 보간된 음영을 사용하는 표면 플롯이 있다. 벡터 포맷은 대부분 2D 플롯과 일부 낮은 복잡도를 갖는 표면 플롯에 적합하다. 벡터 포맷은 비트맵에 비해 더 양질의 선과 텍스트를 생성한다. 비트맵 포맷에서는 밝기와 투명도만 지원한다는 것에 주목하자. 벡터 그래픽의 한 장점은 대부분 소프트웨어 애플리케이션에 넣은 후, 손실 저하 없이 크기를 재조절할 수 있다는 것이다. 비트맵은 애플리케이션에 넣은 후에 재조절하게 되면 반올림 오차를 야기하므로 그림 품질이 저하되는 문제가 있다.

또한 벡터 포맷은 선택된 렌더링 메커니즘 연결을 지원한다. 예로 `Painters` 렌더러만 벡터 그래픽을 생성할 수 있다.

각 포맷은 각 화소를 저장할 때 사용되는 비트 수인 **비트 깊이**^{bit depth}도 갖는다. 비트 깊이는 내보내는 그림에 포함할 수 있는 색상 수를 결정한다. 비트 깊이는 주로 비트맵 그래픽에 적용된다. 8비트 영상은 화소당 8비트를 사용하며, 2^8 즉, 256 개의 고유 색상 정의를 허용한다. 벡터 파일의 경우 보통 비트 깊이를 갖지 않으며, 파일에 저장된 그리기 명령어로 객체의 색상을 설정한다.

고스트스크립트ghostscript 포맷은 제한된 수의 폰트를 지원한다. 지원되지 않는 폰트를 사용하면 커리어 폰트로 대치된다. 고스트스크립트 포맷의 해상도는 변경할 수 없다. 이 해상도는 낮으며(72 DPI) 출판에 적합하지 않을 수 있다.

그림 크기에 자체 해상도와 선택한 포맷의 비트 깊이를 곱함으로써 압축하지 않은 비트맵으로 내보낸 그림의 크기를 계산할 수 있음에 주목하자.

 예제 통찰

영상 해상도 선택 시 다음과 같은 지침 사용

▸ 인쇄의 경우 기본 해상도인 150 DPI는 일반적인 레이저 출력 결과를 충분히 가져올 수 있음

▸ 고품질의 경우 200이나 300 DPI를 사용할 수 있음

▸ 내보내는 경우, 최종 출력 장치가 지원하는 해상도에 기반을 두고 결정

내보내는 영상 포맷 선택 시 다음과 같은 지침 사용

▸ BMP: 윈도우에서 화면 표시

▸ EPS: 포스트스크립트 프린터로 인쇄/이미지 세터

▸ GIF: 화면 표시, 특히 웹

▸ JPEG, JPG: 화면 표시, 특히 웹, 특히 사진 찍기

▸ PNG: GIF 대체, JPG과 TIF보다 훨씬 낮은 정도

▸ TIFF, TIF: 포스트스크립트 프린터로 인쇄

참고 사항

매트랩 도움말에서 print 명령어를 찾아보라.

문서 안에 들어가는 벡터 그래픽

벡터 그래픽 포맷은 고선명 출판 품질 그래픽을 생성한다. 매트랩은 벡터 파일인 **인핸스 메타파일**Enhanced Metafile(EMF)을 지원하며, 준 출판 품질 그래픽을 만들 수 있다. EMF는 영상을 마이크로소프트 애플리케이션에 넣을 계획이 있고, 가져온 후 영상을 편집하거나 크기를 유연하게 재조절하고 싶다면 훌륭한 포맷이다. 마이크로소프트 애플리케이션 내부에서 편집할 수 있는 매트랩 벡터 포맷만 지원한다. 다른 대안은 EPS, SVG, ILL과 PDF 포맷이며, 윈도우와 유닉스 시스템에서 작동한다.

준비

이번 예제에서는 매트랩 설치 시 수록된 플로우 데이터의 횡단면을 취하며, 4장의 '매트랩 그래픽의 요소 사용자 정의 – 고급'과 5장의 '빅 리그에서 3차원 데이터 출력 다루기'에서 사용했다.

```
A = flow; surf(A(:,:,14)); shading interp;
```

예제 구현

다음과 같이 단계별로 수행한다.

1. 메타 파일인 이 파일을 인쇄한다. 이제 클립보드에서 활용할 수 있게 된다.

   ```
   print(gcf,'-dmeta');
   ```

   지금 마이크로소프트 워드나 파워포인트 파일에 붙여넣기를 실행하면 다음 결과를 볼 수 있다.

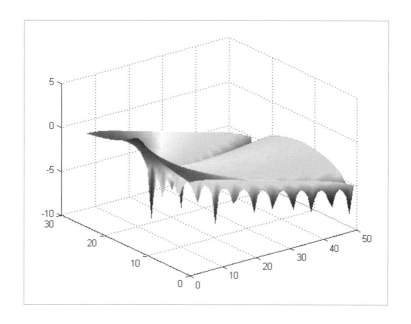

예제 분석

벡터 포맷인 EMF는 워드 프로세서나 파워포인트 환경에서 충분히 편집할 수 있다. EMF는 윈도우 시스템에만 적용될 수 있다. 클립보드의 메모리에 그림을 복사할 때 print 명령어를 사용한다. 매트랩이 지원하는 다른 벡터 포맷에는 윈도우와 유닉스 시스템 모두에서 작동하는 EPS, SVG, ILL, PDF를 포함한다.

부연 설명

EPS 같은 다른 벡터 포맷의 경우 전자적으로 볼 수 있는 낮은 해상도인 TIFF 프리뷰를 포함할 수 있다. 다음 명령어는 색상이 있는 300 DPI인 밀봉형 포스트스크립트로 그림을 저장하고, 대부분 워드프로세서에서 TIFF를 이용한 72 DIP로 프리뷰할 수 있게 해준다.

```
print('-depsc','-tiff','-r300','filename');
```

TIFF 프리뷰로 보기 위해 생성한 EPF 파일을 워드 문서에 끌어 놓는다(프리뷰의 빈약한 해상도로 인해 품질이 저하됨). 해당 문서를 인쇄하면 개선된 해상도로 인쇄된다.

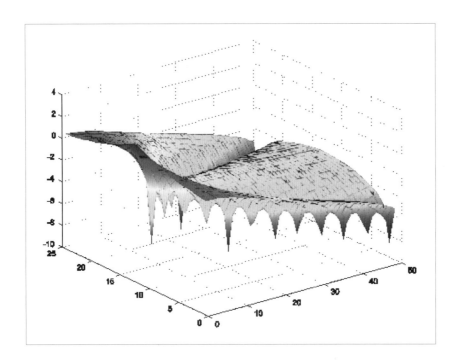

 예제 통찰

▶ 프린터에 사용하는 고품질 영상을 얻을 때 벡터 내보내기 포맷 사용

▶ 마이크로소프트 애플리케이션에 그림을 포함할 때 EMF 포맷 사용

▶ 다른 벡터 포맷으로 내보내기를 사용했을 때 TIFF 프리뷰 옵션 사용

참고 사항

매트랩 도움말에서 print 명령어를 찾아보라.

화면 폰트 크기와 종횡비 보존

폰트 크기는 내보내기 전에 종종 조정할 필요가 있는데, 내보낸 후 나중에 크기를 조절했을 때 그림에서 너무 작게 나타날 수 있기 때문이다. 다른 문제는 내보낸 그래픽에 화면 그림의 종횡비가 반영이 되지 않을 수 있다. 이번 예제는 이런 요구사항을 어떻게 관리하는지 다룬다.

준비

이번 예제에서는 데이터를 생성하기 위해 다시 peaks 함수를 사용한다.

```
peaks;view(2);shading interp;
```

예제 구현

다음과 같이 단계별로 수행한다.

1. 원하는 종횡비로 영상을 렌더링하기 위해 영상을 재조절한다.

```
set(gcf,'units','normalized','position',...
  [0.0547 0.5000 0.5906 0.4046]);
```

2. 가로 방향으로 인쇄한다(가로를 가장 긴 페이지 크기에 맞춤).

```
set(gcf,'PaperOrientation','landscape');
```

3. paperposition 속성을 사용해 인치 단위인 종이에서 어디에 인쇄할지 설정한다.

```
set(gcf,'paperposition', [.25 2.5 8 6],...
  'Papernunits','inches');
```

4. PaperPositionMode를 auto로 설정함으로써 매트랩이 화면 설정을 이용해 내보냈는지 확인한다.

```
set(gcf,'PaperPositionMode','auto');
```

5. 문자열 정의를 형식화하는 **라텍스 문법**^{LaTeX syntax}을 이용해 데이터를 제목
   으로 그래프에 넣는 소스 방정식을 추가한다. 최소 폰트 크기 요구 사항을
   충족하기 위해 방정식을 다시 형식화한다(이번 경우 20으로 설정함).

```
title({'$z = 3(1-x)^2e^{-(x^2) - (y+1)^2} $ ',...
  '$- 10(\frac{x}{5} - x^3 - y^5)e^{-x^2-y^2} $',...
  '$- \frac{1}{3}e^{-(x+1)^2 - y^2}$'},...
  'interpreter','latex','Fontsize',20);
```

결과는 다음과 같다.

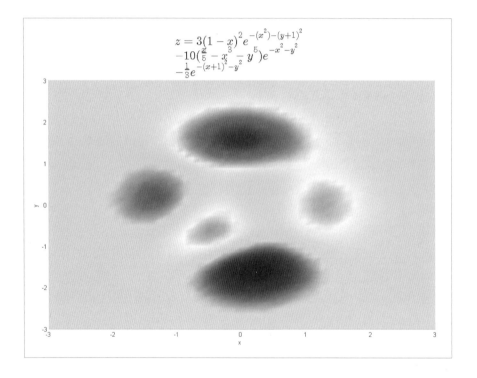

6. 벤 힝클^{Ben Hinkle}이 파일 익스체인지에 투고한 `exportfig` 함수를 사용하며,
   사용자 정의 폰트 크기, 차원, 방향, 미리보기 옵션으로 EPS를 출력한다.

```
exportfig(gcf,...
   '3165_08_03_2','format','eps', 'preview',...
   'tiff','height',4,'width',7,'color','cmyk',...
   'Fontmode','fixed','fontsize',15);
```

결과는 다음과 같다.

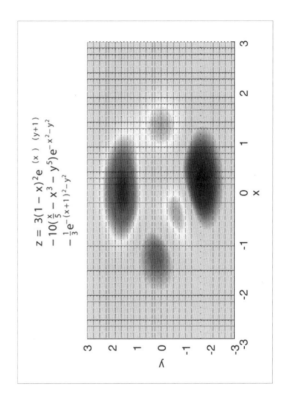

예제 분석

이번 예제는 종이의 폰트 크기, 종횡비, 그림 방향과 최종 그래픽 위치를 제어하는
전략을 보여줬다.

참고 사항

매트랩 도움말에서 `PaperOrientation`, `PaperPosition`, `PaperUnit`, `PaperPosition`
`Mode`축 속성을 찾아보라.

코드와 그래픽을 웹페이지에 게시

매트랩은 문서 생성 기능으로 코드 공유를 매우 쉽게 만든다. 순서대로 평가되는 **코**
드 셀 Code Cell이라고 하는 구역에 코드를 넣어야 한다. 텍스트 마크업 기능을 이용해
코드 블록에 주석을 달 수 있다. 주석에 글머리 기호와 번호 항목, 굵기와 고정 너비
를 포함하도록 스타일을 줄 수 있으며, 라텍스 방정식을 포함할 수도 있다. 생성한
결과에 코드의 일부를 직접 포함할 수 있다. 끝으로 HTML, XML과 라텍스를 포함한
다양한 포맷을 직접 게시할 수 있다. 시스템에 마이크로소프트 워드나 파워포인트
애플리케이션이 있다면 이 포맷으로도 게시할 수 있다.

준비

매트랩의 `publish` 기능을 이용해 게시할 준비를 하도록 다음 코드 조각을 마크업
한다.

```
figure;
[x y z] = peaks;
surf(z);view(2);shading interp;
set(gcf,'Color',[1 1 1]);axis tight;
print(gcf,'-djpeg','-r400','3165_08_02_1.jpeg');

zN{1} = 3*(1-x).^2.*exp(-(x.^2) - (y+1).^2);
zN{2} = - 10*(x/5 - x.^3 - y.^5).*exp(-x.^2-y.^2);
zN{3} = - 1/3*exp(-(x+1).^2 - y.^2);
```

```
for i = 1:3
  figure;
  surf(zN{i});view(2);shading interp;
  set(gcf,'Color',[1 1 1]);axis tight;
  print(gcf,'-djpeg','-r400',...
    ['3165_08_05_' num2str(i+1) '.jpeg']);
end
```

예제 구현

다음과 같이 단계별로 .m 파일을 만든다.

1. 코드 셀 블록에 코드를 분할한다. 각 블록은 아마도 어떤 논리 단계를 함께 수행한다. 코드 셀임을 정의하는 `%%` 기호를 삽입한다.

   ```
   %% Declare Code Cells
   ```

2. 제목을 바꾸기 위해 코드가 없는 셀을 만든다. 단일 행 주석을 전체 텍스트로 바꿨음에 주목하자.

   ```
   %% DEMONSTRATE HOW TO MARKUP CODE TO PUBLISH TO A WEBPAGE
   %
   %   Recipe: 3165_08_02: Publish Demo
   %   Copyright 2012 Packt Publishing
   %   Revision: 1
   %   Date: 2012-07-16 24:00:00
   %
   %%
   ```

3. 변환되는 구역 제목에 셀 이름을 추가한다.

   ```
   %% Add Sections
   % Cell Names Become Section Headings
   ```

이 단계에서 publish 명령어를 실행하면 이전 구문 모음을 브라우저 내 다음 결과로 변환한다. 툴바의 아이콘을 클릭해 실행할 수 있다.

브라우저의 스냅샷 결과는 다음과 같이 보인다.

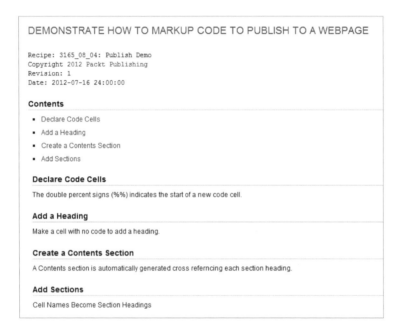

그다음에 완료하면 .m 스크립트에 다음 명령어를 추가하고 publish 실행을 계속한다. 결과는 이 책에 수록된 코드의 일부이자 html으로 명명된 폴더에 들어 있다.

4. 일부 코드를 포함하기 위해 결과 그림에 넣는다.

```
%% Add Code and Results
figure;
```

```matlab
[x y z] = peaks;
surf(z);view(2);shading interp;
set(gcf,'Color',[1 1 1]);axis tight;
print(gcf,'-djpeg',...
    '-r400',['3165_08_02_1.jpeg']);
```

5. 라텍스 방정식을 추가한다.

```matlab
%% Add source Equation in LaTeX format
% Enclose LaTeX expression using $ symbols:
%
% $$z = 3(1-x)^2e^{-(x^2) - (y+1)^2} - 10(\frac{x}{5} -
% x^3 - y^5)e^{-x^2-y^2} - \frac{1}{3}e^{-(x+1)^2 - y^2}$
```

6. 일부 제한 형식을 텍스트 결과에 추가한다.

```matlab
%% Add Basic Text Formatting
% Enclose text using the:
%
% * _underscore_ sign makes it appear in italics
% * *asterisk* sign makes it appear in bold
% * |pipe| sign makes it appear in mono face
```

7. 반복문 내부에서 코드와 그래픽을 출력한다.

```matlab
%% Add Code and Results from Inside a Loop
zN{1} = 3*(1-x).^2.*exp(-(x.^2) - (y+1).^2);
zN{2} = - 10*(x/5 - x.^3 - y.^5).*exp(-x.^2-y.^2);
zN{3} = - 1/3*exp(-(x+1).^2 - y.^2);

for i = 1:3
  %%
  %
  figure;
  surf(zN{i});view(2);shading interp;
  set(gcf,'Color',[1 1 1]);axis tight;
```

```
    print(gcf,'-djpeg','-r400',...
       ['3165_08_02_' num2str(i+1) '.jpeg']);
end
```

예제 분석

publish 명령어는 결과 그림을 포함하는 방정식과 텍스트 형식이 함께 있는 주석을
단 코드를 쉽게 만든다. 코드를 셀로 구성했으며, 셀을 따로 평가할 수 있고 각 결과
는 직접 선택한 형식이다(여기서 기본은 사용했던 HTML임). 제목 추가, 전체 텍스트, 방
정식과 텍스트 형식화를 추가하기 위해 텍스트를 어떻게 마크업하는지 배웠다. 이
런 작업의 대안적인 방법은 코드 편집기 창의 텍스트 영역에서 마우스로 오른쪽을
클릭한 후, Insert Text Markup 옵션을 선택해 나타난 하위 항목 중 적절한 것을 선
택하는 것이다. 아무런 명시적인 행동을 취하지 않는다면 모든 절의 제목은 모두 컨
텐츠 항목을 합친 것이다.

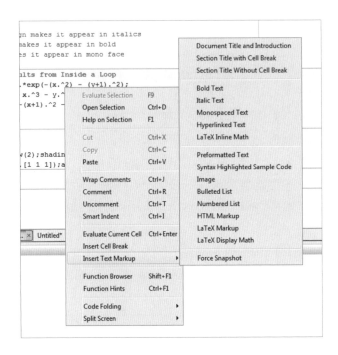

부연 설명

게시 파라미터는 파일, 심지어 함수에까지 구성될 수 있으며, 나중에 사용하기 위해 저장할 수도 있다. Edit Publish Configuration for… 옵션에 접근하기 위해 툴바의 Publish 아이콘 옆에 있는 드롭-다운 화살표를 클릭하면 다음과 같은 창이 나타난다.

중앙의 오른쪽 패널의 MATLAB expression에서 수정된 파라미터를 갖는 스크립트나 함수의 이름을 볼 수 있다. 만약에 파일이 함수되 특정 파라미터를 취한다면, 매트랩 프롬프트에서 호출했던 것처럼 여기에 지정할 수 있다. 다른 설정도 맨 아래 오른쪽 패널에서 보았듯이 지정할 수 있다. 상단 오른쪽에 있는 텍스트 상자인 입력

란 Publish configuration name에 이런 설정을 저장할 수 있다. 동일한 파일에 한 가지 설정 이상을 저장하고, 그 중 하나를 사용해 실행할 수 있다.

 예제 통찰

▶ 시청자에게 문서화된 코드와 그래픽을 공유할 때 **publish** 옵션 사용

참고 사항

매트랩 도움말에서 `publish` 명령어를 찾아보라.

| 참고문헌 |

- Beautiful Evidence, Edward Tufte
- The Visual Display of Quantitative Information, Edward Tufte
- Envisioning Information, Edward Tufte
- Visual Explanations: Images and Quantities, Evidence and Narrative, Edward Tufte
- Graphical Perception: Theory, Experimentation, and Application to the Development of Graphical Methods, William S. Cleveland and Robert McGill
- The Structure of the Information Visualization Design Space, Stuart K. Card and Jock Mackinlay
- Visual Information Seeking: Tight Coupling of Dynamic Query Filters with Starfield Displays, Christopher Ahlberg and Ben Shneiderman
- High-Speed Visual Estimation Using Preattentive Processing, C. G. Healey, K. S. Booth, and J. T. Enns
- Automating the Design of Graphical Presentations of Relational Information, Jock Mackinlay
- How NOT to Lie with Visualization, Bernice E. Rogowitz and Lloyd A. Treinish
- The Eyes Have It: A Task by Data Type Taxonomy for Information Visualizations, Ben Shneiderman
- A Tour Through the Visualization Zoo, Jeffrey Heer, Michael Bostock, and Vadim Ogievetsky
- 3D Grand Tour for Multidimensional Data and Clusters, Li Yang.

- Trends in Interactive Visualization, Elena Zudilova-Seinstra, Tony Adriaansen, and Robert van Liere.
- Course materials from Scientific and Statistical Visualization, George Mason University, Fairfax, VA. Daniel B Carr
- Course materials from Statistical Graphics and Data Exploration, George Mason University, Fairfax, VA. Daniel B Carr

웹에 있는 데이터 저장소는 다음과 같다.

- University of California Irvine Machine Learning data depository (http://archive.ics.uci.edu/ml/)
- Datasets for The Elements of Statistical Learning maintained by Stanford University (http://www-stat.stanford.edu/~tibs/ElemStatLearn/data.html)
- KD Nuggets database (http://www.kdnuggets.com/datasets/)
- The Stanford 3D Scanning Repository (http://graphics.stanford.edu/data/3Dscanrep/)

찾아보기

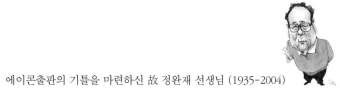

에이콘출판의 기틀을 마련하신 故 정완재 선생님 (1935-2004)

매트랩 그래픽과 데이터 시각화

데이터의 다양한 특성과 용도에 맞춘 시각화 방법

인 쇄 | 2017년 1월 10일
발 행 | 2017년 1월 19일

지은이 | 니베디타 마줌다르 · 스와프노닐 배너지
옮긴이 | 이 문 호

펴낸이 | 권 성 준
편집장 | 황 영 주
편 집 | 나 수 지

에이콘출판주식회사
서울특별시 양천구 국회대로 287 (목동 802-7) 2층 (07967)
전화 02-2653-7600, 팩스 02-2653-0433
www.acornpub.co.kr / editor@acornpub.co.kr

한국어판 ⓒ 에이콘출판주식회사, 2017, Printed in Korea.
ISBN 978-89-6077-932-7
ISBN 978-89-6077-210-6 (세트)
http://www.acornpub.co.kr/book/matlab-cookbook

이 도서의 국립중앙도서관 출판시도서목록(CIP)은 서지정보유통지원시스템 홈페이지(http://seoji.nl.go.kr)와
국가자료공동목록시스템(http://www.nl.go.kr/kolisnet)에서 이용하실 수 있습니다.(CIP제어번호: CIP2017000462)

책값은 뒤표지에 있습니다.